o
sonho
de ser+

Sofia Esteves
Wandreza Bayona

O sonho de ser+
todo jovem é uma estrela

histórias que estimulam a **juventude** a se desenvolver e a se preparar para os desafios da **vida profissional**

ALTA BOOKS
E D I T O R A
Rio de Janeiro, 2021

O Sonho de Ser+

Copyright © 2021 da Starlin Alta Editora e Consultoria Eireli.
ISBN: 978-65-5520-328-8

Todos os direitos estão reservados e protegidos por Lei. Nenhuma parte deste livro, sem autorização prévia por escrito da editora, poderá ser reproduzida ou transmitida. A violação dos Direitos Autorais é crime estabelecido na Lei nº 9.610/98 e com punição de acordo com o artigo 184 do Código Penal.

A editora não se responsabiliza pelo conteúdo da obra, formulada exclusivamente pelo(s) autor(es).

Marcas Registradas: Todos os termos mencionados e reconhecidos como Marca Registrada e/ou Comercial são de responsabilidade de seus proprietários. A editora informa não estar associada a nenhum produto e/ou fornecedor apresentado no livro.

Impresso no Brasil — 1ª Edição, 2021 — Edição revisada conforme o Acordo Ortográfico da Língua Portuguesa de 2009.

Erratas e arquivos de apoio: No site da editora relatamos, com a devida correção, qualquer erro encontrado em nossos livros, bem como disponibilizamos arquivos de apoio se aplicáveis à obra em questão.
Acesse o site www.altabooks.com.br e procure pelo título do livro desejado para ter acesso às erratas, aos arquivos de apoio e/ou a outros conteúdos aplicáveis à obra.

Suporte Técnico: A obra é comercializada na forma em que está, sem direito a suporte técnico ou orientação pessoal/exclusiva ao leitor.

A editora não se responsabiliza pela manutenção, atualização e idioma dos sites referidos pelos autores nesta obra.

Produção Editorial
Editora Alta Books

Gerência Comercial
Daniele Fonseca

Editor de Aquisição
José Rugeri
acquisition@altabooks.com.br

Produtores Editoriais
Maria de Lourdes Borges
Thales Silva
Thiê Alves

Marketing Editorial
Livia Carvalho
Gabriela Carvalho
Thiago Brito
marketing@altabooks.com.br

Equipe de Design
Larissa Lima
Marcelli Ferreira
Paulo Gomes

Diretor Editorial
Anderson Vieira

Coordenação Financeira
Solange Souza

Produtora da Obra
Illysabelle Trajano

Equipe Ass. Editorial
Brenda Rodrigues
Caroline David
Luana Rodrigues
Mariana Portugal
Raquel Porto

Equipe Comercial
Adriana Baricelli
Daiana Costa
Fillipe Amorim
Kaique Luiz
Victor Hugo Morais
Viviane Paiva

Atuaram na edição desta obra:

Copidesque
Carolina Palha

Revisão Gramatical
Fernanda Lutfi
Hellen Suzuki

Projeto Gráfico | Capa
Larissa Lima

Diagramação
Joyce Matos

Ouvidoria: ouvidoria@altabooks.com.br

Editora afiliada à:

Dados Internacionais de Catalogação na Publicação (CIP) de acordo com ISBD

E79s		Esteves, Sofia
		O Sonho de Ser +: Todo jovem é uma estrela / Sofia Esteves, Wandreza Bayona. - Rio de Janeiro : Alta Books, 2021.
		224 p. ; 16cm x 23cm.
		Inclui anexo.
		ISBN: 978-65-5520-328-8
		1. Juventude. 2. Sociedade. I. Bayona, Wandreza. II. Título.
2021-3360		CDD 305.242
		CDU 304-053.6

Elaborado por Vagner Rodolfo da Silva - CRB-8/9410

Rua Viúva Cláudio, 291 — Bairro Industrial do Jacaré
CEP: 20.970-031 — Rio de Janeiro (RJ)
Tels.: (21) 3278-8069 / 3278-8419
www.altabooks.com.br — altabooks@altabooks.com.br

A leitura desta obra é destinada a todos os profissionais da área de educação e de instituições e empresas que buscam fortalecer seu propósito alinhado à responsabilidade social; a educadores, jovens e todos que acreditam na educação como o caminho para a construção de uma sociedade mais justa e inclusiva.

Agradecimentos

Agradecemos imensamente a todos com quem tivemos o privilégio de compartilhar momentos, ideias e ambições. Aos voluntários, por sua dedicação perseverante, sincera e, acima de tudo, inspiradora. Aos colaboradores, por nos terem apoiado com seus conhecimentos imprescindíveis à realização e ao desenvolvimento de cada detalhe dos projetos. Aos educadores, por seu eterno comprometimento e sua devoção à profissão. A cada empresa parceira que acreditou, abraçou nossa causa e somou esforços para tornar realidade o sonho de tantos jovens. Aos renomados executivos convidados a participar desta obra, que contribuíram com relatos de experiências ímpares junto ao Instituto. E aos jovens, antes de mais nada, por acreditarem em si mesmos e nos mostrarem o quanto vale a pena acreditar. Vocês são nossa maior motivação!

Sobre as Autoras

Sofia Esteves

Presidente do Instituto Ser + e fundadora do Grupo Cia de Talentos, Sofia é graduada em psicologia, com pós-graduação em gestão de pessoas, além de ser professora de MBA e ter especialização nas universidades FIA e FGV. Sofia é comentarista de carreira no *Valor Econômico* e Exame.com e autora dos livros *Carreira: Você está cuidando da sua?*, *Virando Gente Grande: Como orientar jovens em início de carreira* e *Sua Carreira*.

in /estevessofia   @sofiaestevesa

Wandreza Bayona

Diretora-executiva do Instituto Ser +, Wandreza é formada em serviço social com especialização em responsabilidade social corporativa e terceiro setor pela universidade FIA. Sua carreira passa por grandes empresas como Nextel Telecomunicações (gerente de responsabilidade social corporativa) e Credicard (coordenadora de responsabilidade social).

in / wandreza-bayona

sermais.org.br

Entrevistas e Depoimentos Especiais

Acesse:

+ **Ana Pereira**
  Jovem participante dos
  Programas do Instituto Ser +

+ **Daniel Castanho**
  Presidente do Conselho de Administração do
  Grupo Ânima Educação

+ **Felipe Marconato**
  Jovem participante dos
  Programas do Instituto Ser +

+ **Leonardo Framil**
  CEO da Accenture para Brasil e América Latina

+ **Maitê Leite**
  Presidente do Deutsche Bank no Brasil

+ **Ricardo de Souza**
  Jovem participante dos
  Programas do Instituto Ser +

o sonho de ser+

todo jovem é uma estrela

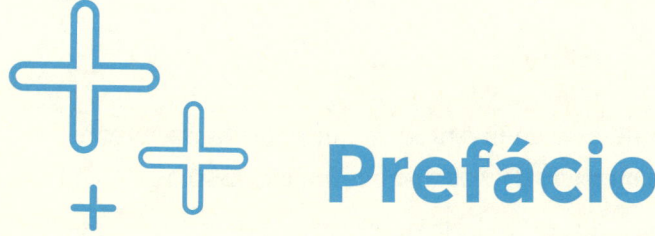

Prefácio

Ter a oportunidade de vivenciar a energia e o entusiasmo com que a juventude absorve cada informação compartilhada é extremante gratificante e me motiva a acreditar que causas como essa têm o poder de mudar o caminho de nossa sociedade.

É assim que me sinto quando estou em sala de aula em uma das ações promovidas pelo Instituto Ser + e deixo em segundo plano o meu dia a dia no mercado financeiro para ocupar a posição de voluntária e compartilhar minhas experiências em um mercado de trabalho altamente competitivo e majoritariamente masculino. É transformador poder inspirar tantas meninas a lutar por seus objetivos e aproximar os jovens, em um contexto geral, do cotidiano do mundo empresarial, com todos os seus desafios e aprendizados.

Minha história com o Instituto Ser + teve início a partir de uma indicação de um amigo enquanto conversávamos sobre o quanto eu questionava o legado do meu trabalho e sentia a necessidade de buscar algo que fosse tangível, significativo e que retornasse valor direto à sociedade.

A partir daí, fui convidada pela instituição a conhecer seus projetos e sua metodologia de desenvolvimento técnico e humano de jovens que buscavam a oportunidade do primeiro emprego e que viviam em situação de vulnerabilidade social. Meu objetivo, desde o primeiro contato, foi interagir diretamente com aqueles jovens, agregando para eles um pouco do que aprendi ao longo da vida.

Desde então, foram várias as experiências incríveis que tive, como vivências em sala de aula, mentorias e palestras em eventos; sempre abordando temas de interesse da juventude e que contribuíssem para sua preparação para o mercado de trabalho e formação pessoal.

A realidade do dia a dia da maioria desses jovens é dura e os impede, muitas vezes, de sonhar com oportunidades que mudem sua forma de encarar o futuro. Sua participação nos cursos elaborados pelo Instituto Ser + promove um olhar diferente a respeito de sua perspectiva de vida e, consequentemente, das demais pessoas que compõem seu núcleo familiar.

Ao me doar para uma causa tão nobre e acompanhar esse movimento de voluntariado ganhando cada vez mais espaço no mundo empresarial, não há como dizer que apenas os jovens são beneficiados. Ser voluntária é uma via de mão dupla, uma troca de experiências e de visões de mundo provenientes de perspectivas muitos diferentes. É um aprendizado mútuo que mescla histórias cheias de garra e perseverança, e que fortalece iniciativas tão importantes como essa, a fim de que possamos construir uma sociedade verdadeiramente mais inclusiva e diversa.

Quero deixar meus sinceros agradecimentos, pela oportunidade de participar desse propósito, às autoras deste livro e minhas queridas amigas, Sofia Esteves e Wandreza Bayona, que se dispõem diariamente a ampliar o alcance e disseminar a metodologia de ensino do Instituto Ser +, acreditando no potencial de desenvolvimento integral dos jovens, apoiando-os na descoberta de seus talentos e preparando-os para que façam a diferença e mostrem ao mundo que podem chegar aonde quiserem.

— **Maitê Leite, Presidente do Deutsche Bank no Brasil**

Sumário

Introdução — 1

Parte 1

Capítulo 1 — Juventudes: Desafios da Etapa na Sociedade Atual — 9

Capítulo 2 — Trajetória e Propósito do Instituto Ser +: Inserir Jovens na Sociedade — 29

Capítulo 3 — O Sonho: Por que Disseminar e Compartilhar Conhecimento — 49

Parte 2

Capítulo 4 — O Processo Seletivo: Personas, Peculiaridades e Cuidados que Devem Ser Tomados — 69

Capítulo 5 — A Tecnologia Social do Ser +: Os 4 Pilares da Educação — 85

Capítulo 6 — O Passo a Passo do Programa — 103

Capítulo 7 — Autoconhecimento, Autoestima e Descoberta de Talentos — 125

Capítulo 8 — Projeto de Vida e Carreira em Seis Estações — 139

Capítulo 9 — E Agora, o que Fazer? Empregabilidade — 155

Parte 3

Capítulo 10 — E o Futuro? — 171

Capítulo 11 — A Força do JUNTOS — 187

Anexo — 193

◉ COMPARTILHE ESTA IDEIA!

"Tudo o que um sonho precisa para ser realizado é alguém que acredite que ele possa ser realizado."

— **Roberto Shinyashiki**
empresário brasileiro

Introdução

Um dos maiores desafios do mundo contemporâneo é a empregabilidade. As inovações tecnológicas trouxeram consigo uma série de mudanças significativas, que impactam diretamente as relações pessoais e profissionais.

Em meio a esse cenário, o grande desafio da sociedade passa a ser a reconfiguração do ambiente profissional de maneira sustentável. Tornar a sociedade mais equilibrada, justa e saudável não é mais um ideal distante, mas uma necessidade.

Quando olhamos esse panorama sob uma perspectiva mais ampla, um dos maiores desafios que a sociedade global enfrenta é a inserção e permanência dos jovens no mercado de trabalho. As inovações tecnológicas que surgiram durante as últimas décadas transformaram completamente o mundo, potencializando a globalização e reconfigurando as relações humanas.

Construir um futuro melhor deixou de ser um sonho para se tornar um objetivo urgente. Para construir esse futuro, devemos nos voltar à juventude, pois os jovens de hoje serão os líderes de amanhã.

A juventude, por sua vez, é uma etapa fortemente marcada por desafios. As transformações pelas quais o corpo e a mente passam nesse período definem uma etapa de transição entre a infância e a vida adulta. Além disso, muitas responsabilidades são comumente atribuídas ao jovem durante essa etapa. Entre elas, destaca-se a cobrança da família e da sociedade para que ele tome decisões importantes quanto à carreira que deseja seguir.

Porém, quando consideramos a realidade dos milhares de jovens brasileiros que vivem em situação de vulnerabilidade social, os desafios são ainda mais intensos. Com frequência, infelizmente, os problemas acabam sendo maiores do que eles conseguem suportar, levando a altos índices de evasão escolar, além de desmotivação e estagnação.

O subemprego e a informalidade acabam entrando em cena como opções viáveis para esses jovens, que, na maioria das vezes, têm dificuldade de obter acesso a recursos básicos, como educação, lazer, transporte, saúde etc. Muitos acabam aderindo ao crime, e vários outros tomam essa situação como algo perene e imutável.

O mercado de trabalho, por sua vez, está cada vez mais exigente. De acordo com uma pesquisa divulgada pelo Instituto Brasileiro de Geografia e Estatística (IBGE), somam-se 14,4 milhões de desempregados no Brasil, no início de 2021; o maior contingente desde 2012, quando começou a série histórica. Vagas de empregos são bastante disputadas e, por esse motivo, a capacitação profissional é indispensável na busca por uma colocação no mercado.

Entre os mais afetados pelo desemprego no país estão os jovens. Outro levantamento realizado também pelo IBGE aponta que mais de 7 milhões de jovens entre 14 e 29 anos estão desempregados, e que um dos principais motivos para esse elevado índice é a falta de experiência.

É comum que as empresas busquem jovens que tenham experiência no mercado de trabalho, mas muitos ainda são prejudicados diante da falta de vivência profissional. Como instituição formadora, o Instituto Ser + tem como objetivo ajudar esses jovens a desenvolver as competências necessárias para torná-los profissionais humanizados e preparados para os desafios do trabalho no cenário contemporâneo.

Ao considerar esse objetivo, muitos desafios vêm à tona: como preparar adequadamente esses jovens para que prosperem no mercado? Como preparar as empresas para recebê-los, de modo que essa relação seja favorável a todos? Quais são os mecanismos para tornar essa união um processo bem-sucedido, gerando dividendos para o indivíduo, a organização e a própria sociedade?

Além das competências técnicas, o mercado busca profissionais que tenham domínio das *soft skills*, ou habilidades comportamentais, como resiliência, flexibilidade, boa comunicação, bom relacionamento interpessoal e inteligência emocional.

Contribuímos para que os jovens desenvolvam essas competências por meio de uma metodologia própria, valorizando as habilidades socioemocionais e técnicas que hoje são consideradas um diferencial. Apesar de o currículo ser um fator importante na contratação, muitos colaboradores não permanecem empregados por carecer de competências comportamentais.

O mercado valoriza cada vez mais pessoas que, além de dominarem a técnica, possuam os comportamentos e atitudes importantes para o bom desempenho das funções. É importante lembrar que a inteligência emocional auxilia, também, no planejamento de objetivos, ampliando a determinação e o foco tanto na área profissional como na pessoal.

Para os jovens em situação de vulnerabilidade social, trabalhar essas competências é um desafio ainda maior, devido ao cenário em que estão inseridos e à falta de oportunidades. Ciente desse cenário, o Instituto Ser + investe em um contexto pedagógico que favorece o desenvolvimento dessas habilidades.

A partir dos três pilares que embasam a metodologia do Instituto Ser + (autoconhecimento, autoestima e descoberta de talentos), os jovens são impulsionados a ser protagonistas de suas histórias e empreender a própria vida. O objetivo é que os alunos passem a identificar com clareza seus potenciais, o que contribui para elaboração de metas e planos de ação eficazes.

Durante o processo de formação, os jovens são estimulados a desenvolver seu Projeto de Vida e Carreira, um planejamento profissional e pessoal em curto, médio e longo prazo. Além disso, durante o processo de capacitação profissional, simulamos entrevistas de emprego e dinâmicas em grupo a fim de prepará-los para os processos seletivos.

O aumento do desemprego, somado ao processo de transformação por qual passa o conceito de trabalho na economia, representa um desafio significativo que pressiona os jovens a buscar alternativas de qualificação que atendam às demandas do mercado. Hoje, o trabalho não está mais ligado apenas à subsistência, mas também à realização pessoal.

A sociedade tem se sensibilizado com essa configuração, já que sua evolução passa, inexoravelmente, pela melhora da condição educacional de seus cidadãos. A iniciativa privada também já passou a sentir os efeitos dessa dinâmica, fazendo com que empresas e líderes se mostrem, cada vez mais, suscetíveis e abertos a novas abordagens e possibilidades para cumprir seu papel cidadão.

Por isso, desde 2014, o Instituto Ser + se dedica a descobrir e viabilizar meios de contribuir para a superação desse desafio. Por meio de uma metodologia educacional única, a instituição já formou mais de 14 mil jovens e inseriu 75% deles no mercado de forma proveitosa.

Visando expandir esse conhecimento, que é fundamental para toda a sociedade, o Instituto Ser + publica este livro, uma obra que explora a estrutura desenvolvida e aprimorada ao longo de sua experiência, por meio de detalhes práticos e histórias reais, para que empresas, ONGs, profissionais de recursos humanos, líderes, executivos e educadores tenham a oportunidade de entender a dinâmica educacional bem-sucedida da instituição e aplicar esse conhecimento a seus desafios pessoais e profissionais.

O acesso a este conteúdo contribuirá para evidenciar os caminhos da jornada rumo ao sucesso. Este livro é uma obra dedicada a todas as pessoas que têm como objetivo colaborar para uma sociedade mais coerente, justa e inclusiva.

Parte 1

Como é viável sonhar sem emoção, sem oportunidade e sem acreditar que tudo é possível? O contexto em que se encontram os jovens brasileiros não é nada fácil. Problemas, desafios, conquistas e oportunidades permeiam uma terra de sonhos e pesadelos, conduzindo uma jornada inesquecível rumo a uma vida melhor.

Nos próximos capítulos você terá a oportunidade de acompanhar casos reais de jovens socialmente vulneráveis que venceram as adversidades e chegaram mais perto de seus sonhos. Suas vivências, cheias de emoção, inspiram o Instituto Ser + a querer ir cada vez mais além. Deixe que elas inspirem você também.

📷 COMPARTILHE ESTA IDEIA!

"A vida está cheia de desafios que, se aproveitados de forma criativa, transformam-se em oportunidades."

— Maxwell Maltz
cirurgião norte-americano

CAPÍTULO 1
Juventude: Desafios da Etapa na Sociedade Atual

> "Aos 16 anos, com a perda da minha mãe, tive que assumir este papel em casa, de cuidar de minhas irmãs e dos afazeres domésticos. Fiquei muito abalada emocionalmente e a cobrança era muito grande para dar conta de tudo. Cheguei a um ponto de não ter mais vontade de lutar pelos meus sonhos. Eu me colocava sempre em último lugar. No começo do projeto no Ser +, ainda estava cabisbaixa e desmotivada, mas, com o tempo, as atividades desenvolvidas em grupo e o acolhimento de toda a equipe do Instituto me abriram os olhos para novas perspectivas."
>
> **Ana Pereira – jovem participante dos Programas do Ser +**

O que Pensam os Jovens?

A juventude é uma etapa marcada por desafios. A cobrança dos pais, as mudanças no corpo, a procura pela identidade própria e a preocupação com o futuro são algumas das questões responsáveis por tornar essa uma fase tão agitada e turbulenta. São muitas perguntas e poucas respostas para alguém que sabe tão pouco sobre a vida, muitas vezes causando ansiedade e ainda mais turbulência em um período que contempla tantas dúvidas.

A fase se torna ainda mais difícil quando consideramos o momento atual em que vivemos. As inovações tecnológicas que emergiram nos últimos anos foram exponenciais, gerando inúmeras mudanças em todas as esferas sociais, desde o convívio até o mercado de trabalho. A quantidade de informação trazida por essa inovação tecnológica é muito maior se comparada com as mudanças ocorridas em períodos anteriores, e é muito difícil para o jovem processar e lidar com toda essa informação e cobrança.

Quando falamos em cobrança, precisamos entender que ela é positiva nas proporções adequadas, mas prejudicial quando exagerada. Os pais e responsáveis tendem a comparar a configuração da realidade dos jovens com a que tiveram em sua época, apontando as facilidades que o mundo contemporâneo traz, porém muitas vezes se esquecendo dos desafios que ele impõe. Se por um lado a quantidade de informação a que somos expostos hoje facilita o acesso a conteúdos essenciais, por outro dificulta, se considerarmos a falta de maturidade dos jovens para processar essas informações e, antes de mais nada, definir o que é importante e o que pode esperar.

"A chave da questão é a maneira como encaramos o meio, as oportunidades que a vida oferece e até mesmo a falta delas. A forma como encaramos a vida faz de nós quem somos. É preciso enfrentar os erros como desafios, como impulsionadores do autodesenvolvimento. Todos temos nossos obstáculos, e cabe a nós superá-los." Conta-nos Daniel Castanho, presidente do Conselho de Administração do Grupo Ânima Educação, a respeito de como ele enxerga a frustração e de como acha que a juventude deve lidar com ela.

Independentemente das condições, todo jovem tem o direito e a capacidade de sonhar. Lutar para conquistar seus sonhos e objetivos é uma questão de escolha. Maiores ou menores, todos têm suas dificuldades. É necessário direcionar os recursos que temos em função daquilo que desejamos conquistar, seja na vida pessoal ou profissional.

Talvez o maior desafio da juventude atual seja equilibrar a superação com a qualidade de vida. Apesar das facilitações tecnológicas que temos hoje, a comunicação tem ficado cada vez mais resumida e escassa. Isso reforça o estereótipo da vida perfeita difundido nas redes sociais, extremamente prejudicial à autoestima do jovem, que tende a se cobrar excessivamente.

No âmbito profissional, o mercado de trabalho está cada vez mais exigente. Independentemente da cobrança exercida pela família, existem ainda as cobranças da vida profissional, que são cada vez maiores. O mercado cobra que o jovem demonstre conhecimento e aptidão cada vez mais cedo, mas se esquece de que precisa haver a oportunidade para que ele tenha uma experiência e aprenda, o que fica cada vez mais difícil em um cenário volátil de mudanças e crises constantes.

Existem ainda os fatores de desenvolvimento pessoal. A dinamicidade do mundo atual e a velocidade das mudanças deixam pouco espaço para que o jovem reflita sobre questões inerentes a ele, como quem ele é, quem quer se tornar e aonde quer chegar, o que afeta diretamente sua autoestima e, consequentemente, sua autoconfiança. Tudo isso aumenta os desafios para essa etapa da vida, pois, sem objetivos e sonhos, os jovens não desenvolvem a garra e a força de vontade necessárias para superar as adversidades e chegar aonde querem.

A Juventude Brasileira e os Desafios de Ser Brasileiro

Segundo uma pesquisa realizada pela Rede Nossa São Paulo, o Brasil é o segundo país que mais concentra renda no mundo. Isso nos faz ter uma noção da ampla desigualdade econômica que assola o país e separa os jovens antes mesmo de concluírem o ensino básico. Há milhares de famílias que vivem em situação de extrema pobreza, com dificuldade de acesso a recursos fundamentais como alimentação, saúde, saneamento básico e educação.

Essa configuração de vulnerabilidade social que o país apresenta agrava a realidade do jovem que, com todos os desafios inerentes à juventude, muitas vezes ainda precisa enfrentar dificuldades para ir à escola, fato responsável pelos altos índices de evasão escolar registrados no país.

Com seu acesso à educação limitado ou dificultado, o jovem tem prejudicadas suas esperanças de conquistar um futuro melhor, deixando como alternativa o emprego informal e, por vezes, o crime. Esse cenário é responsável por desestabilizar a juventude.

A falta de infraestrutura do país para solucionar os problemas gerados pela desigualdade econômica afeta não apenas as pessoas em situação de vulnerabilidade social, mas toda a sociedade. Os jovens são responsáveis pelo futuro do Brasil, mas que futuro pode ter um país que olha para sua juventude de maneira tão frívola?

O mercado de trabalho está cada vez mais exigente. É comum as empresas cobrarem uma lista infindável de pré-requisitos à contratação, como experiência prévia, domínio de um segundo idioma, conhecimento técnico ou habilidades interpessoais. Em meio a esse processo, milhares de jovens têm seus talentos desperdiçados devido à falta de oportunidade de os descobrir e desenvolver.

A consequência disso é o preço que todos pagamos por tratá-los dessa maneira: a sociedade deixa de colher os frutos provenientes desses jovens talentosos, que tanto têm a somar, e as empresas deixam de crescer devido à dificuldade de encontrar profissionais capacitados.

Feitas essas considerações, a questão que fica é: como mudar essa realidade?

Não é algo que conquistaremos da noite para o dia nem com pouco esforço. Esse é um objetivo que demanda conscientização e atitude por parte de todos nós. É uma meta que deve ser alcançada por meio da construção de pontes entre os jovens e as oportunidades, para que eles possam caminhar na estrada que conduz ao futuro: a educação.

É apenas a partir da educação que conseguiremos levar os talentos desses jovens às demandas da sociedade. O acesso à educação oportuniza a mudança de vida e um futuro de sonhos e realizações.

É com o intuito de construir essas pontes que, desde 2014, o Instituto Ser + trabalha para facilitar o acesso desses jovens à educação e à capacitação profissional, promovendo conhecimento e desenvolvimento das habilidades necessárias ao mercado de trabalho.

Desde sua fundação, a atuação junto a parceiros permitiu impactar a vida de mais de 14 mil jovens, sendo que são mais de 4 mil capacitados a cada ano. No início da execução de projetos, eram formados apenas algumas centenas de adolescentes. Esse crescimento nos enche de alegria e vontade de chegar cada vez mais longe.

O presidente do Conselho de Administração do Grupo Ânima Educação, Daniel Castanho, fala a respeito de como enxerga esse cenário das juventudes no Brasil e sugere abordagens de como enfrentar desafios, encarar a realidade e batalhar pelos sonhos:

"Nós somos fruto das nossas experiências. O que define quem somos é como escolhemos lidar com elas, sejam boas ou ruins. Assim como um atleta deve se esforçar cada vez mais para superar a si mesmo, devemos nos esforçar para superar as adversidades e conquistar nossos sonhos.

"Jamais podemos deixar de acreditar nas oportunidades; que é possível chegar lá. Resiliência é a capacidade que temos de dissolver as pedras que encontramos pelo caminho, não de carregá-las. Acreditar é o que possibilita que nos tornemos melhores a cada dia, melhores do que fomos ontem.

"São nossos sonhos que movem o mundo. Devemos equalizar nossos sonhos com o que estamos dispostos a abrir mão para os conquistar. Uma pessoa que não tem sonhos não vive, apenas existe. A juventude precisa ser intensa, sonhar alto, acreditar que é possível.

"O segredo da felicidade é estar onde você está. É estar presente no momento presente. Certa vez, Santo Agostinho disse que a beleza do ser humano é que ele não nasce pronto. Costumo completar afirmando o seguinte: a beleza do ser humano é que ele também não morre pronto. O foco não deve estar nas respostas que precisamos dar, mas nas perguntas que precisamos fazer. São nossos questionamentos e nossas atitudes que movem o mundo.

"Por isso, sonhe alto. Estude, trabalhe, dê o melhor de si. O importante não é o que somos nem o que temos, mas o que deixamos."

São inúmeros os cenários que podem ser projetados. Os resultados e as mudanças provêm não apenas de fatores externos, mas de como decidimos lidar com eles. A abordagem do Instituto propõe uma forma de enxergar os problemas e obstáculos de maneira diferente.

O Começo de Tudo: Os Sonhos dos Jovens

São nossos sonhos que movem o mundo. São nossos sonhos que nos levam a ter força para derrubar muralhas, abraçar diferenças e construir um mundo melhor. Os sonhos são o combustível para superar as adversidades e os obstáculos impostos pela vida. Sem sonhos, nossa vida é vazia e sem sentido.

Durante a infância, acreditar nesses sonhos parece mais fácil. Por quê? Quando somos crianças, não duvidamos de nós mesmos. Não enxergamos o que pode dar errado, apenas o futuro à frente. Essa energia nos dá vontade de levantar todos os dias e sermos uma versão melhor de nós mesmos.

Mas crescemos e perdemos a doce inocência que antes nos motivava a seguir em frente. E, de alguma forma, somos convencidos de que tudo que desejamos conquistar está muito distante do nosso alcance. Criamos abismos entre nossos sonhos mais profundos e nós mesmos, nos distanciando cada vez mais deles. Passamos a enxergar essa distância como um risco, uma loucura, como algo que deve ser rejeitado.

Somos ensinados a estabelecer muros, muralhas e barreiras entre nós e nossos sonhos. E, acreditando que essas fortalezas nos protegerão, erguemos obstáculos cada vez maiores em volta de nós mesmos que nos afastam das pessoas, da vida e de nossa própria felicidade.

> *Acreditar é o elemento-chave para que possamos alcançar o futuro. Acreditar é o que nos faz levantar da cama todos os dias e superar as dificuldades que encontramos. As pessoas que acreditam poder mudar o mundo são aquelas que ousam, são aquelas que acreditam. Nós do Instituto Ser + acreditamos que realizar esse sonho é possível.*

Então resolvemos ousar acreditar em nossos sonhos. Resolvemos ter a audácia de sonhar mais sorrisos, ter mais alegrias, cultivar mais amor. Sonhar com o dia em que nossas paixões superem nossas diferenças. Sonhar com mais oportunidades, mais empregos, mais realizações. Sonhar com menos desigualdades, menos preconceitos, menos injustiças. E queremos que você faça parte desse sonho com a gente.

Porque não podemos mudar o mundo sozinhos, precisamos de você. Acreditar, fazer, mudar. Abraçar o futuro maravilhoso que nos aguarda.

Sonhos em uma Terra de Pesadelos

O sonho é uma semente para um futuro melhor. Mas, para que essa semente germine e cresça, é necessário um solo fértil. São muitas as dificuldades que nossa população, principalmente os jovens, precisam enfrentar todos os dias para ter um resquício de vontade de sonhar e conquistar uma vida melhor.

Em meio a esse panorama, acreditamos que oferecer oportunidades para juventude é imprescindível para que tenham a chance de mudar as próprias vidas. E acreditamos que a estrada que leva à realização desse sonho é feita de oportunidades.

> *Queremos arar esse solo tão infértil para que possamos plantar esses sonhos com e para os jovens. Esperamos que mais deles tenham a oportunidade de encontrar consigo mesmos em uma realidade tão turbulenta e caótica. Desejamos construir mais pontes, conectando a juventude com um futuro melhor, em vez de muros.*

São essas pontes que conduzem nossos jovens em direção ao amanhã. A juventude precisa de quem a oriente pelos caminhos tortuosos de um mundo e uma realidade cada vez mais complexos. Juntos, podemos fazer a diferença.

A seguir, você conhecerá a história de Ana, uma menina de poucos recursos que perdeu a mãe muito precocemente e teve que enfrentar uma série de desafios para conseguir crescer profissionalmente. Ela, assim como milhões de jovens brasileiros, superou grandes desafios para conseguir se formar e ingressar no mercado de trabalho.

Acreditamos que existem três pilares essenciais para construir um futuro melhor: acreditar, planejar e fazer. É apenas por meio da educação de qualidade e de projetos que viabilizem essa educação que poderemos construir esse futuro tão sonhado.

Ana e o Começo da Jornada

Em uma manhã ensolarada na agitada capital São Paulo, Ana abre a janela e fita o céu. A esperança de uma vida melhor parece cada vez mais distante.

Seu pai a chama: "Ana, vem terminar de fazer o almoço, suas irmãs estão com fome." Ela sabe o que precisa fazer, mas está tão cansada que a cadeira à sua frente lhe parece simplesmente um paraíso.

"Ana, vem logo!" O pai chama de novo, desta vez em um tom mais ríspido. "A comida não vai andar até a mesa sozinha."

O cansaço mental e físico de Ana é tão grande que ela já prefere não pensar na vida que deixou para trás. De volta à cozinha, a jovem Ana obedece à ordem, pensando no quão tudo aquilo seria mais fácil se a mãe estivesse ali.

Sua mãe falecera algumas semanas antes, em um hospital na cidade de São Paulo. Vítima de um procedimento médico equivocado, deixou três filhas e o marido. Com a difícil perda ainda recente, Ana viu sua vida virar de ponta-cabeça. Do dia para a noite, ela precisou aprender a cozinhar, lavar, passar e limpar a casa.

Mas como poderia Ana, com apenas 15 anos, dar conta de tantas tarefas e responsabilidades? Como poderia arcar com tantos deveres e ainda ter tempo e disposição para si mesma, para pensar e planejar sua vida? Muitas questões a preocupavam.

Como se não fossem muitos os desafios que a vida lhe impusera, Ana sabia que ainda havia mais um, que não podia simplesmente deixar para amanhã: os estudos. Ela sabia que precisava continuar estudando, mas onde encontraria forças para cuidar da família e ainda conseguir frequentar a escola?

> *Milhares de jovens brasileiros abandonam a escola todos os dias em meio às dificuldades que têm para conseguir frequentar as aulas, estudar e ter acesso a recursos básicos de educação, como materiais didáticos, materiais escolares e internet.*
>
> *Segundo uma pesquisa realizada pela prefeitura de São Paulo intitulada Mapa da Juventude, até o ano de 2010 mais de 28% dos jovens viviam abaixo da linha da pobreza.*
>
> *Outro estudo, o Mapa da Desigualdade, realizado pela Rede Nossa São Paulo em 2012, aponta uma diminuição de renda da população mais pobre em 17,1% entre os anos de 2014 e 2019.*

Os dias se passavam em uma rotina exaustiva de muito trabalho, esforço e cansaço. Ana ia de cômodo em cômodo, com a vassoura, os panos e produtos de limpeza, esfregando cada canto da casa. Suas mãos doíam com o ressecamento causado pelos produtos químicos e o "esfrega-esfrega" frequente.

A mania de achar que tudo precisava estar perfeitamente limpo e impecável passou a tomar conta de seus dias e noites. A qualquer hora do dia, Ana encontrava um detalhe aqui e outro ali que não conseguia simplesmente ignorar. A autocobrança passou a ser um pesadelo em sua vida, que logo afetaria também sua família.

> **"Eu já disse pra não colocar o pé aí!", ela repetia incansavelmente. "Cuidado pra não sujar, eu acabei de limpar tudo."**

E assim, dia após dia, Ana ia ficando cada vez mais cansada e sem esperanças de ter uma vida melhor. Com as irmãs ainda pequenas, quanto tempo levaria até que conseguisse tempo para si mesma? Ela já não ligava para sua aparência. O cansaço era tanto que o único cuidado que tinha consigo mesma era o banho. Andava pela casa todos os dias basicamente com a mesma roupa e o cabelo amarrado.

Na escola, não era diferente. Ana precisou mudar seus horários para poder tomar conta da família, passando a estudar à noite. Chegava à escola já exausta, sem disposição nem vontade alguma de aprender. Os professores entravam e saíam da sala, e ela continuava ali, tentando seguir em frente, completamente desmotivada e triste. Haveria esperança para a jovem Ana?

> *Para que o jovem consiga melhores oportunidades, é necessário capacitação. Quando o acesso à educação é prejudicado, as oportunidades ficam limitadas. A primeira experiência no mercado de trabalho é muito importante para viabilizar os primeiros objetivos do jovem e para desenvolver seu autoconhecimento, influenciando diretamente suas decisões futuras.*
>
> *Cada vez mais, as empresas buscam colaboradores que dominem habilidades específicas, como as soft skills. Se o jovem não aprende*

> como adquiri-las, suas chances de ingressar ou mesmo de permanecer no mercado ficam reduzidas.

Até que um dia, um colega de classe fez um comunicado à turma de que havia conseguido uma oportunidade de trabalho. Devagar, ele ia riscando o nome do Instituto Ser + com giz no quadro. "Se eu consegui, vocês também conseguem", garantiu o colega.

Ana fitou o quadro, tentando processar a informação em meio ao cansaço. Seria uma esperança de mudança em sua vida ou apenas uma ilusão?

A Esperança Oferecida pelo Instituto Ser +

O despertador toca. São apenas 6h da manhã, mas o dia de Ana já começou. Esquentar mamadeira, trocar fralda, fazer o café, ajudar a irmã a se vestir para a escola. Tão cedo e uma lista infindável de tarefas já tomava conta de sua vida.

Seu pai teve ainda mais dificuldade em lidar com a perda da esposa. Passava os dias e as noites pensando em processar os médicos e os responsáveis pela tragédia. Chegou a cogitar ir atrás deles e se vingar dos culpados por sua perda.

"Calma, pai. Eu sei que é difícil", dizia Ana com certa frequência, na esperança de acalmá-lo. "A gente precisa superar isso juntos, e sua raiva não ajuda em nada."

"Como você espera que eu tenha calma? Como espera que eu não sinta raiva? Alguém precisa pagar por isso!"

> *O processo de acolhimento do jovem é muito importante, pois muitos deles chegam ao Instituto inseguros e com medo. Devido ao histórico de vida, infelizmente, é comum que muitos tenham passado por problemas e, assim, sintam dificuldade de confiar em alguém. Quando*

> estabelecemos um vínculo com o jovem e sua confiança é conquistada, a dedicação e o engajamento vêm com naturalidade.
>
> É necessário que nos voltemos a esses jovens com um olhar empático e humanitário. O comportamento agressivo não é inerente a eles e não deve ser tratado como a causa dos problemas, mas como uma consequência deles.

Mais pela tarde, o telefone toca de repente.

"Boa tarde. Eu gostaria de falar com a Ana, ela se encontra?" A voz da assistente social perguntou no outro lado da linha.

"Sim, sou eu. Pode falar", respondeu.

"Aqui é do Instituto Ser +. Estamos abrindo vagas para um de nossos programas de capacitação de jovens. Você gostaria de vir fazer uma entrevista?", disse a assistente social.

> O Instituto Ser + mantém diversos programas e projetos sociais visando capacitar os jovens socialmente vulneráveis, como a Ana, para o mercado de trabalho, de maneira que atendam às exigências do mercado, ampliando suas chances de sucesso e os ajudando a realizar o sonho de ter uma vida melhor.

"Claro. Quando?", pergunta uma Ana esperançosa, mas ainda muito cansada para esboçar qualquer reação de alegria.

Marcada a entrevista, seguiu sua rotina. Ainda havia muito o que fazer: terminar de arrumar a irmã, fazer o café e colocar a roupa para lavar. Tarefas que pareciam não acabar mais.

A jovem ainda precisava revisar alguns conteúdos de matérias da escola: estava em semana de provas. Chegou a cogitar desistir da entrevista, pois achava que não conseguiria dar conta de tudo. Felizmente, a ideia de desistir não durou muito tempo, e o dia da entrevista chegou.

A assistente social do Instituto Ser + encontrou uma Ana cansada e de olhos distantes. Cabisbaixa, ela quase não falava. Mas algo dentro da assistente social pareceu dizer que aquela menina, assim como inúmeros outros jovens que passam por dificuldades similares, tinha grandes talentos.

Alguns dias depois, Ana recebe outro telefonema. Havia sido aprovada na entrevista e começaria uma nova jornada, rumo a um novo futuro.

Mais Desafios na Vida de Ana

Muitas coisas haviam se passado pela mente da jovem desde o telefonema comunicando a aprovação. Havia muitos empecilhos que ela não sabia se conseguiria resolver. Será que daria conta da rotina tão cansativa e ainda teria tempo para se comprometer com outro curso? Ela teria garra suficiente para dar conta de todas as tarefas que lhe foram impostas pela vida? Essas e outras perguntas assolavam a mente de Ana, mas ela não desistiu.

Os próprios medos e as inseguranças em relação à vida afligiam Ana. Já havia muito que precisava fazer e não queria arranjar mais problemas e dores de cabeça. Porém, ela sabia que se tratava de uma oportunidade incrível e que podia não haver outra como essa. Assim, ela resolveu encarar mais um desafio.

> " Nós somos fruto de nossas vivências. O que define quem somos é a maneira como encaramos os desafios da vida. Os jovens precisam acreditar que são capazes, sonhar alto e, assim, ir cada vez mais longe."
>
> **– Daniel Castanho, presidente do Conselho de Administração do Grupo Ânima Educação**

Lava, passa, arruma, limpa. Mais alguns dias se passaram até que Ana fosse entregar os documentos solicitados pelo Instituto para então, finalmente, mergulhar na jornada rumo a um futuro melhor. Contudo, havia ainda um grande desafio que a jovem precisaria superar: a resistência do próprio pai.

Ainda imerso naquela atmosfera de raiva e inconformidade que o falecimento da esposa o deixara, o pai de Ana achou que assumir mais um compromisso seria arriscado e comprometeria sua família.

E, mais uma vez, Ana precisou ser forte e criar coragem para superar mais um obstáculo. Como se já não houvesse tantos.

> *Assim como a Ana, milhares de jovens brasileiros passam por situações de adversidade e contam com poucos recursos para lidar com elas. Cabe a nós, como indivíduos e sociedade, olhar para esses jovens com compaixão. Oferecer oportunidades a eles é como arar um solo em que possam cultivar seus sonhos.*

Depois de muitas e muitas conversas, Ana conseguiu convencer o pai a ir assinar os papéis para que pudesse ingressar no Instituto, começar sua capacitação para o mercado de trabalho e conquistar o tão esperado sonho de uma vida melhor.

Apesar de seus medos e suas incertezas, aos poucos, Ana foi criando coragem. Com o passar dos dias, a jovem foi se adaptando à rotina de cobranças. Começava sua jornada de aventuras rumo a um futuro ainda desconhecido, mas que emanava esperança.

Chegado o grande dia, Ana foi apresentar seus documentos no Instituto Ser + e, finalmente, deu entrada na matrícula.

Agora era hora de sonhar, pois sua vida havia começado a mudar. Para melhor.

O Ingresso no Instituto Ser +: Esperança na Vida de Ana

A jovem foi recebida com muito carinho pelo Instituto Ser +. Logo fez novas amizades e começou a ver a vida sob uma nova perspectiva de otimismo e prosperidade.

Ana relata ter ficado espantada com a forma como foi tratada quando chegou. A sensação de ser bem-vinda no Instituto foi um momento emocionante e um divisor de águas em sua vida.

A rotina não dava trégua e ela continuou a cuidar das irmãs e do pai, que ainda tinha muita dificuldade de lidar com a situação. A diferença é que agora ela tinha motivação, um *porquê* de estar fazendo aquilo tudo. Logo, Ana começou a se cuidar mais, a dar mais valor a si mesma e a seus sonhos.

> *É necessário oferecer suporte não apenas aos jovens, mas às famílias e aos responsáveis. Como unidade básica de convívio, a família exerce grande influência sobre as decisões do jovem, ainda que indiretamente. Às vezes, a falta de comunicação familiar ou mesmo a dificuldade por parte dos responsáveis em lidar com essa fase cheia de mudanças e desafios acaba prejudicando o desenvolvimento do jovem. Por isso, é importantíssimo que haja comunicação com a família.*
>
> *Em função disso, o Instituto Ser + busca a aproximação dos responsáveis sempre que possível, pois sua participação direta na vivência dos jovens cria ou fortalece um laço que reforça a comunicação.*
>
> *Os responsáveis são referências importantes para os jovens, não apenas como pessoas que já passaram pela adolescência, mas como figuras próximas que os inspiram. Se a comunicação entre jovens e responsáveis é ineficaz, o desenvolvimento pode ser prejudicado.*

Dia após dia, Ana encontrava cada vez mais motivação para ir além, para superar a si mesma. Conciliando todas as tarefas e obrigações de que precisava dar conta em casa e com os estudos, Ana foi vendo que sonhar com uma vida melhor era possível, e que já estava no caminho para conquistar esse sonho.

Esperanças Renovadas

Dia após dia, Ana sentia que suas esperanças eram renovadas. A vontade de aprender e se superar era maior do que qualquer dificuldade que pudesse enfrentar.

As vivências e experiências proporcionadas pelo Instituto a ajudaram de todas as formas possíveis: profissionalmente, psicologicamente e emocionalmente. Cada dia no Instituto era um novo aprendizado, uma nova razão para seguir em frente e conquistar seus sonhos.

> *A juventude é uma fase fortemente marcada por mudanças. A transição entre a infância e a vida adulta traz uma série de desafios, principalmente no que diz respeito à pressão familiar para que o jovem tenha respostas e tome decisões. É necessário salientar que o processo de autodescoberta é pessoal. A pressão exercida pela família é positiva quando moderada, mas pode ter efeitos negativos quando é excedida.*
>
> *Por caracterizar uma etapa de transição, a juventude acaba sendo um período determinante. As primeiras responsabilidades e decisões do jovem exercem um forte impacto sobre quem ele se tornará. Para que essa experiência seja tanto proveitosa quanto emocionalmente positiva, é necessário que haja orientação e equilíbrio.*

A capacitação profissional também foi decisiva na vida de Ana. As atividades em empresas a ajudaram a ter uma primeira experiência com o ambiente de trabalho, a prática de bons profissionais e o mercado em si, com todo o cuidado que o Instituto tem ao inserir o jovem nesse ambiente.

Ana agregou muito valor às vidas de seus colegas com sua história de vida e superação. "Não podemos desistir", afirmava com uma determinação admirável.

Ana aprendeu a conciliar suas responsabilidades familiares com as exigidas pela rotina de estudos. Com a ajuda dos professores e colegas, foi caminhando a passos cada vez mais largos em direção ao desenvolvimento e à capacitação. "O espírito dos professores, independentemente da idade, nos faz acreditar que sonhar é possível. Eles nos confortavam de maneira que nos sentíamos uma família. Isso foi muito importante para mim e meus colegas, que também tinham seus problemas", relata Ana.

A história de vida de Ana ajudou muitos outros jovens que também passavam por dificuldades. Eles enxergavam nela um exemplo a ser seguido, de superação e determinação.

Em meio às dificuldades, Ana encontrou forças para seguir em frente por meio do Instituto Ser +.

Conclusão: Ana Hoje

A Ana emocionalmente fragilizada, cabisbaixa e desanimada que conhecemos se transformou em uma pessoa completamente diferente. Hoje, mais conhecida como Aninha, ela é um exemplo de superação e garra. A história dela evidencia o quanto uma vida pode ser transformada pela educação e por melhores oportunidades.

Por meio de uma parceria entre o Instituto Ser + e uma instituição de ensino superior, Ana cursou e se formou em recursos humanos. Atualmente, ela está trabalhando e afirma receber muito prestígio e confiança como profissional.

> Resiliência é a capacidade que temos de dissolver as pedras que encontramos pelo caminho, não de as carregar."
> – Daniel Castanho, presidente do Conselho de Administração do Grupo Ânima Educação

Ana também atua como voluntária do Instituto, ajudando a transformar a vida de muitos outros jovens, assim como a dela foi transformada.

"Hoje tudo é diferente. Tudo está maravilhoso em relação à vida que eu levava", afirma uma Ana de sorriso aberto e confiante, transmitindo segurança e autorrealização. "Meu pai foi quem mais teve dificuldade em superar a perda da minha mãe, mas, graças a Deus, ele superou", desabafa.

> Os vizinhos a perguntam, atônitos, o que a fez mudar tanto. Ela diz que foi o Instituto e as oportunidades que recebeu por meio dele.

"Vocês me ensinaram a ter proatividade. A segurança que vocês transmitem fez com que eu confiasse em mim mesma, fez com que abraçasse meus sonhos", diz Ana, ao se lembrar da vida difícil que deixou para trás e da triste perda da mãe.

O recado que ela deixa para os jovens que enfrentam dificuldades é uma frase de Gandhi: "Quem não vive para servir, não serve para viver." Foi na ajuda compartilhada entre os colegas que Ana percebeu que havia esperança. Ao compartilhar suas dores e frustrações, os jovens se identificam e percebem que não estão sozinhos. Isso os motiva a seguir em frente.

E, juntos, vivemos esta aventura junto com a Aninha, compartilhando suas dores e conquistas. Ver quem ela se tornou hoje é de uma alegria e um contentamento simplesmente inexplicáveis.

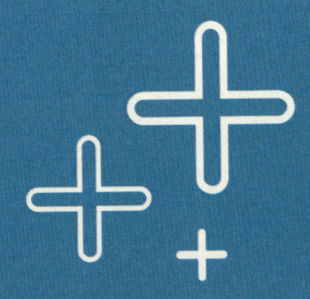

Conheça mais sobre os personagens deste capítulo conferindo as entrevistas abaixo:

Daniel Castanho
Presidente do Conselho de Administração do Grupo Ânima Educação.

Ana Pereira
Jovem participante dos Programas do Instituto Ser +.

COMPARTILHE ESTA IDEIA!

"A verdadeira alegria na vida é ser útil a um objetivo que você reconhece como grande."

— **George Bernard Shaw**
jornalista e dramaturgo irlandês

CAPÍTULO 2
Trajetória e Propósito do Instituto Ser +: Inserir Jovens na Sociedade

> "Eu era agressiva com as palavras e não queria que as pessoas se aproximassem muito de mim. Às vezes, o sofrimento que a gente passa na vida cria uma espécie de escudo contra as pessoas, na tentativa de evitar novas decepções.
>
> A acolhida dos professores fez toda a diferença. Ali eu entendi que o objetivo do Instituto Ser + não era mudar quem eu sou, mas, sim, me ajudar a me ver como protagonista da minha história, melhorar minha autoestima e enxergar novas perspectivas para o meu futuro."
>
> **Tainá Pena – jovem participante dos Programas do Ser +**

Sabemos que a juventude é uma etapa fortemente marcada por desafios. Conciliar a pressão dos pais e da sociedade com as dúvidas e incertezas inerentes à fase faz com que esse período seja ainda mais difícil.

O Brasil é um país com uma diversidade cultural riquíssima, que revela realidades muito díspares. Em meio a essa diversidade, existe também uma grande desigualdade econômica, que cria abismos entre os mais ricos e os mais pobres.

Essa desigualdade traz adversidades, principalmente para a juventude, cujo processo de aprendizado está em sua principal fase. Independentemente da situação econômica em que o jovem se encontre ou dos recursos de que dispõe, lidar com as questões da juventude é um desafio em si. Contudo, fatores como a dificuldade de acesso a recursos básicos podem fazer com que essa seja uma etapa ainda mais desafiadora.

A vulnerabilidade social é um fator que afeta toda a sociedade, sobretudo os jovens, que têm seus sonhos minados pela falta de perspectiva. Por terem a sensação de que muitas portas se fecham o tempo todo, muitos deles deixam de acreditar em sua capacidade de conquistar uma vida melhor, dando margem à frustração e à aceitação de sua condição como algo imutável.

Então, fica a questão: como podemos mudar esse cenário? Como podemos construir uma sociedade mais justa e equilibrada, que olhe para seus indivíduos de maneira mais humana? Como podemos ultrapassar as barreiras que definimos para nós mesmos?

Para superar esses obstáculos, o melhor caminho é a capacitação dos jovens, oferecendo a eles os recursos necessários para buscar as oportunidades e alcançar seus objetivos e sonhos.

> *O desafio de inserir jovens socialmente vulneráveis na sociedade por meio da capacitação e da oportunização de uma vaga de trabalho é grande, mas o sonho do Instituto Ser + é ainda maior.*

A voluntária do Instituto Ser + e presidente do Deutsche Bank no Brasil, Maitê Leite, fala a respeito de sua experiência no Instituto e de como enxerga a importância da inserção de jovens no mercado:

"Nas gerações passadas, as relações familiares faziam com que os jovens fossem mais integrados ao convívio familiar. A digitalização e as crises econômicas e sociais que vivemos fizeram com que as famílias ficassem mais fragmentadas, convergindo o universo dos jovens para uma realidade mais tecnológica e individual.

"No que diz respeito ao mercado de trabalho, a rapidez do mundo contemporâneo passou a exigir uma requalificação constante, porém a mudança mais notória é em relação à perspectiva. Antes, os objetivos de vida comuns eram mais simples, como adquirir independência, arrumar um bom emprego, entre outros. Hoje, a pressão sobre o jovem é muito maior, obrigando-o a ser praticamente um herói.

"Tendo atuado durante muitos anos na área financeira, sempre questionei o legado do meu trabalho e senti a necessidade de buscar algo que fosse tangível e significativo, pois a dificuldade de enxergar resultados que retornassem valor diretamente à sociedade sempre me incomodou.

"Em meio a esse contexto, um amigo sugeriu que eu começasse um projeto próprio e, logo em seguida, conheci o Instituto Ser +. Eu não queria dar aula de matemática ou de finanças, mas me envolver com uma experiência que me deixasse mais próxima dos resultados. Eu queria interagir diretamente com os jovens, agregando para eles um pouco do que aprendi ao longo da vida.

"Nesse sentido, ser voluntária do Instituto me trouxe uma realização muito grande, pois foi possível viabilizar esse projeto de maneira muito profissional e agradável. No começo, a timidez me inibiu de estar à frente de uma sala de aula, mas a equipe do Ser + me ajudou com todo seu conhecimento técnico na elaboração e orientação do projeto.

"Ver o engajamento dos jovens é uma oportunidade maravilhosa. Eles são o futuro e mostram-nos uma perspectiva mais otimista em relação aos cenários que projetamos. Estar na sala de aula é uma experiência muito rica, de aprendizado mútuo e, acima de tudo, muito gratificante.

"O padrão de qualidade e profissionalismo do Instituto são excepcionais, fazendo com que seu papel na transformação de vida desses jovens seja ainda mais importante. A competição no mercado de trabalho está cada vez maior, não apenas para ingressar nele, mas para perseverar. A digitalização avança rapidamente, e muitas profissões vão sumir. Por isso, existe uma necessidade alarmante de que os jovens estejam devidamente capacitados para enfrentar os desafios que o futuro aponta.

"Ser voluntária do Instituto me proporcionou um maior entendimento de uma realidade que era algo muito distante para mim. Apesar de a desigualdade econômica no Brasil ser um tema amplamente conhecido, interagir diretamente com esses jovens demanda um conhecimento que vai muito além do que vemos nas pesquisas e nos estudos.

"Trabalhar com jovens afetados pela vulnerabilidade social exige muito preparo, e o trabalho voluntário, por sua vez, demanda muita dedicação. É necessário entender os contextos e saber interagir com eles de maneira efetiva para obter os melhores resultados possíveis."

Assim como a Maitê, acreditamos que é possível mudar. Não cabe a nós definir o tamanho do desafio, mas podemos decidir superá-lo e encontrar os meios para tal. Por fim, Maitê conclui:

"Hoje, meu maior propósito é passar o que aprendi para as novas gerações e ter a chance de colaborar para um país melhor. O Brasil é um país riquíssimo, mas precisa da mobilização de seus cidadãos em prol da realidade mais justa que tanto queremos."

A seguir, você conhecerá a história da Tainá, que foi aluna do Instituto Ser + e passou a enxergar a manhã ensolarada sobre as nuvens que antes cobriam sua vida.

Dias Nublados

É uma manhã de sábado tranquila, algumas grandes nuvens pairam pelo céu. Apesar de o sol ter saído, Tainá decidiu ficar em casa. Jardim Grimaldi, em São Paulo, onde mora, é um cenário problemático. Transitar pelo bairro é uma apreensão constante para a menina, pois suas principais ruas, entre casa, lugares do dia a dia e a avenida principal foram consideradas pela prefeitura como área de risco. Além das preocupações cotidianas, o tempo nublado a deixava triste.

"E aí, será que chove hoje?", pergunta a irmã do outro lado do quarto. "Espero que não", responde a menina.

Com apenas 17 anos, a jovem Tainá se sente desmotivada pela realidade que enfrenta a cada dia. A violência da região onde mora a deixa pouco animada para sair de casa. Ir à escola é uma atividade que, apesar dela ter a plena consciência de que é importante, pouco anima Tainá. Ter que andar pelas ruas de seu bairro é arriscado e nada prazeroso.

O que motiva a jovem a querer sair de casa, muitas vezes, são os problemas familiares. A irmã de Tainá, Juliane, está grávida, e a preocupação que a mãe, Dona Vera, sente em relação ao futuro das filhas é um dos inúmeros problemas que ocupam sua mente. A mãe trabalhava o dia inteiro para sustentar a casa, o que deixava pouco tempo para os momentos familiares.

"O meu sonho é reunir famílias, porque o Instituto ajudou a reunir a minha", Tainá contaria mais tarde a uma das assistentes sociais do Instituto Ser +. Porém, naquele dia, não apenas o céu estava nublado, mas também suas perspectivas.

Como é possível que um jovem nessas condições tenha ânimo ou força de vontade para superar as adversidades da vida? Como é possível que ele queira superar a si mesmo, buscar seu autodesenvolvimento, se tudo o que enxerga ao redor são problemas e portas se fechando?

> *É preciso acreditar no sonho. Mais importante do que isso, é preciso que as pessoas se convençam de que sonhar é para todos. Independentemente do número de empecilhos que afastam o jovem de seus sonhos e da natureza desses muros que gritam que o jovem que sonha jamais verá seus desejos se tornarem realidade, sonhar é possível.*

De fato, existem empecilhos, muros e problemas. Mas não é, tampouco foi um dia, a existência desses fatores que caracteriza a impossibilidade de realizar nossos sonhos. O verdadeiro problema começa com a ausência dos sonhos. O verdadeiro problema é não sonhar.

Vozes de Esperança

Em um belo dia, Tainá é acordada pelas vozes que ecoam na cozinha pelo resto da casa. É Dona Vera, que está conversando com uma amiga de longa data, conhecida por todos da família.

"Menina, esse Ser + é o máximo. O meu garoto parece outra pessoa, você precisa ver como ele está diferente", diz a amiga da mãe, com uma empolgação muito grande evidente em seu tom de voz. E continua: "Você devia ver se o seu garoto também não quer fazer. Acho que eles devem abrir mais vagas logo, logo."

Tendo ouvido aquilo, André, irmão de Tainá, saiu de fininho para o quarto. Achava que a escola já era chata o suficiente e não queria ter mais uma responsabilidade ocupando seus horários durante a semana, muito menos em relação aos estudos. A escapadela não serviu de nada, pois a mãe, tendo visto a cena, o chamou em alto e bom tom.

Enquanto o irmão insistiu na aversão pela ideia de ingressar no Instituto, Tainá, por outro lado, achou interessante. "Eu quero", disse, já com bastante entusiasmo.

Ao ouvir falar do Instituto e das melhorias de vida que jovens como ela haviam obtido, algo despertou dentro de Tainá. Algo que a conduziu a manifestar o interesse.

Foi necessário que algo acendesse uma luz dentro da menina para que ela agisse. É essa centelha que incendeia o coração que muitas vezes nos faz querer sair do lugar, correr atrás de um objetivo. Tainá ainda não sabia bem o que o Instituto agregaria para ela, tampouco o que ela queria para sua vida, mas algo naquele dia a convenceu de que aquela chance não podia ser jogada fora.

Enquanto a amiga da família conversava com o irmão de Tainá, Dona Vera se encarregou de apoiar a filha. Alguns dias depois, elas foram conhecer o Instituto. Tainá ficou encantada com o lugar e com a maneira como foi recebida. Tendo agendado uma entrevista para as novas vagas que abririam em breve, a menina sentia uma mistura de empolgação com uma dificuldade em acreditar que seria aprovada.

A jovem tinha dificuldade em enxergar a esperança, em acreditar que uma vida melhor era possível. As dificuldades eram tantas, e o cotidiano era tão controverso, que qualquer coisa fora daquela realidade parecia um sonho distante demais para alcançar.

O que Tainá ainda não sabia era que bastava dar um passo de cada vez. Na vida, treinamos para saltar cada vez mais longe, mas não aprenderemos a saltar se não aprendermos a caminhar aos poucos primeiro. Assim como uma fogueira pode começar com alguns gravetos e uma faísca, uma grande história pode começar com um simples passo.

> Para dar o primeiro passo, é necessário que o jovem acredite nele mesmo. É necessário que ele perceba que o sonho pode fazer parte da realidade por meio do fazer, da ação. Sem acreditar em si mesmo, o jovem tende à estagnação, pois ele não enxerga o caminho nem o propósito de seguir adiante.

O Reflexo de Quem Somos

Passadas algumas semanas, o dia da entrevista chegou. Tainá se olha no espelho e fica se perguntando se tudo dará certo, se conseguirá a vaga, se é boa o suficiente para ser aprovada. Ela adora suas tranças, mas se lembra dos comentários que fizeram em relação a elas: "Você nunca vai conseguir nada com esse cabelo. Trate de alisá-lo, isso não é cabelo de mulher séria."

Tainá entra no ônibus com poucas esperanças de que algo em sua vida vá mudar dali em diante. "Não custa tentar" foi o pensamento que a impulsionou a sair de casa e parar de se questionar sobre o que daria ou não certo. Felizmente, ela não desistiu.

A primeira coisa que percebemos na menina que recebemos naquele dia, com suas lindas tranças e olhos profundos e sinceros, foi sua forte presença. Ela transmitia uma convicção brilhante, embora ligeiramente ofuscada pela falta de esperança. Havia uma luz dentro dela, algo que simplesmente não havia como passar despercebido.

Mais tarde, Tainá nos contaria que, quando chegou ao Instituto, o pensamento mais frequente que tinha era de ter sido injustiçada. Ela questionava por que a vida era tão difícil, qual era o propósito que existia em se superar. Do que adiantaria ela dar o melhor de si se achava que não conseguiria nada?

É certo que o futuro é incerto. Vivemos em um mundo cada vez mais complexo, que muda e exige nossa readaptação cada vez mais rápido. Porém, isso não deve jamais ser razão para desmotivação na vida do jovem, mas um combustível para que ele aprenda e cresça cada vez mais.

> *Hoje, os ciclos de mudanças tecnológicas significativas, que impactam diretamente o cotidiano da sociedade, são bem mais curtos do que foram há algumas décadas. A nova configuração exigida pelo mundo contemporâneo, somada à facilidade de acesso a uma quantidade enorme de informação que existe hoje, faz com que a vida seja mais dinâmica. Assim, é necessário que nós também sejamos mais dinâmicos.*

Em meio àquela atmosfera de pessimismo em que Tainá estava imersa, havia a semente de um sonho. Havia uma luz ofuscada que, em breve, começaria a brilhar intensamente.

Conexões

Certo dia, quando Tainá chegou da escola, sua mãe a recebeu com um abraço apertado e a grande notícia de que havia conseguido a vaga.

A menina tinha certa dificuldade em se sentir à vontade para conversar com a mãe. Ciente de que ela trabalhava muito, a jovem achava que os conflitos e dúvidas adolescentes eram irrelevantes demais para ocupar a mente da mãe, que tinha problemas mais importantes para se preocupar.

> *Procuramos manter e aprimorar a comunicação entre o Instituto e as famílias dos jovens, por meio de reuniões bimestrais, e nossas portas estão sempre abertas para que os responsáveis também se sintam abraçados pelo Ser +.*
>
> *É extremamente importante que as famílias vivenciem e apoiem, da maneira que puderem, as etapas de evolução do jovem e, para isso, as falhas de comunicação devem ser solucionadas. Sem a comunicação adequada, ideias diferentes conflitam ao invés de se complementarem.*

Tainá ingressou no Programa Conexões, que visa desenvolver as competências profissionais e pessoais dos jovens, oferecendo ferramentas e conhecimentos para sua inserção no mercado de trabalho por meio da formação cidadã, incentivando o protagonismo juvenil.

Os jovens, principalmente aqueles menos favorecidos, são ensinados a fazer parte de uma outra história, geralmente de uma empresa. Não devemos impor isso como padrão, pois cada jovem tem suas características, tanto pessoais quanto profissionais. Olhamos para o jovem como alguém que vive uma fase muito importante: a fase do autoconhecimento.

> É nesse momento que o jovem começa a descobrir e a entender quem ele é e, consequentemente, que futuro deseja para si. Longe de enquadrá-lo em um padrão social preestabelecido, acreditamos que um dos fatores amplificadores do potencial da juventude é a perspectiva da escolha. Incentivamos que o jovem seja o protagonista da própria história, e não apenas o coadjuvante de uma empresa, ainda que seu caminho passe por ela.

Para viabilizar seus sonhos, o jovem precisa dos meios que o levarão a tal. A vontade de atravessar os mares da vida só existe quando ele enxerga o horizonte do outro lado, ainda que distante. E essa vontade só é convertida em ação quando ele descobre um meio que o levará até lá.

Um dos meios que conduz o jovem a seus sonhos é o primeiro emprego, geralmente como Jovem Aprendiz, que lhe proporciona a primeira experiência com o ambiente de trabalho e a renda própria. O primeiro emprego pode fomentar e viabilizar o caminho para que o jovem comece sua jornada para alcançar seus sonhos.

Encantada com a oportunidade, Tainá foi se tornando uma menina mais otimista. Aos poucos, passou a abraçar a vida e a conectar-se consigo mesma. Uma porta foi aberta, e Tainá percebeu que estava caminhando rumo a novas oportunidades.

A Batalha Interior

A relação de Tainá com os amigos e professores do Instituto, no começo, era distante. Em meio à realidade de problemas em que vivia, ela teve dificuldade em se sentir confortável com pessoas cujas intenções não conhecia. Não por falta de confiança nelas, mas talvez por nunca ter se sentido confortável para confiar em alguém que não fosse de sua família. A menina, muitas vezes, tinha um temperamento reativo. Ela não se sentia bem com o jeito receptivo e descontraído dos professores, porque ainda não estava conectada com o curso.

Desde o começo das aulas, Tainá foi recebida como se fosse um membro da família. Afinal, é assim que os jovens são vistos e tratados no Ser +, como membros de uma grande família que crescem e se desenvolvem juntos a cada dia. Porém, ela sentia que não pertencia àquela família. Às vezes, sentia que não pertencia a lugar nenhum.

Certo dia, a turma de Tainá foi separada em grupos para trabalhar em uma atividade. Ela tinha medo de se expor e, por isso, não falava muito nem questionava o que estava sendo feito. Os colegas, aos poucos, iam desenvolvendo conversas que surgiam com naturalidade em meio à interação entre os jovens, mas Tainá permanecia ausente. O desconforto em participar daquela atividade era enorme, porque a jovem sentia que não fazia parte dela.

A reação mais comum era demonstrar certo desprezo e lançar olhares ácidos para os colegas e professores. Não porque ela os desprezasse, mas porque tinha medo. Tainá reagia às tentativas de interação porque tinha medo de que as pessoas se aproximassem.

Isso rendeu um desentendimento com um colega. Nesse dia, ele havia comentado algo em relação a seu cabelo que deixou a jovem bem brava. Ao lançar um de seus comentários enérgicos que mergulhou a sala em um silêncio embaraçoso, a professora que estava monitorando a atividade se aproximou dela. A tensão pairava sobre uma classe de alunos que não fazia ideia do que viria a seguir.

> "Lidar com os jovens que vêm de realidades muito diferentes da nossa exige não apenas o conhecimento técnico que podemos oferecer, mas também a capacidade de se comunicar de maneira eficaz, de falar de forma que ele entenda, para que a experiência seja transmitida. E aqui encontra-se o maior desafio: interagir com realidades muito diferentes da nossa."
>
> — **Maitê Leite, presidente do Deutsche Bank no Brasil e voluntária do Ser +**

À medida que a professora atravessava a sala em direção à Tainá, com passos que pareceram durar uma eternidade, a expressão no rosto da jovem ia se enrijecendo e ficando mais séria. Ao se aproximar, a professora repousa sua mão sobre o ombro da jovem e diz: "Tainá, eu não sou sua inimiga, eu sou sua amiga. Eu não quero te machucar, eu quero te ajudar."

Os olhos da jovem ameaçaram derramar algumas lágrimas, mas o orgulho ainda era maior do que a emoção gerada pelas palavras de conforto.

Aquele momento havia tocado profundamente a jovem. Poucos foram os momentos em que ela se sentiu abraçada como naquele dia. Mesmo reagindo às tentativas de aproximação dos professores e colegas, ainda havia espaço para que ela se sentisse acolhida.

Muitos jovens entram no Instituto com uma mentalidade reativa. Muitos deles enfrentaram, ou enfrentam no período que ingressam no Instituto, uma realidade que cobra deles um senso de autodefesa muito precoce. As situações que eles enfrentam diariamente são as responsáveis pelo comportamento reativo, mas elas não fazem parte de quem eles são. Nós devemos abraçar esses jovens, nunca os confrontar, pois o confronto que deve ser combatido é o que existe dentro deles.

Superando as Dificuldades

Tainá tinha dificuldades de se abrir e falar sobre si. Com a família, não era diferente. Sua mãe trabalhava bastante e, por isso, ela achava que falar sobre seus problemas seria o equivalente a incomodar.

> *Essa situação é muito comum entre os jovens, principalmente os socialmente vulneráveis. A falta de apoio gera uma série de problemas, como ansiedade, dificuldade de comunicação, medo e pode até mesmo levar à depressão.*
>
> *Nós acreditamos que é essencial cuidar desses jovens, ouvi-los e entendê-los, saber quais são seus conflitos, receios e medos. É preciso apresentar referências, pessoas que apresentem alternativas a esses sentimentos.*

Após o episódio de desavença com o colega, Tainá foi se enturmando. Tanto os colegas quanto os professores já não despertavam desconforto na jovem, mas passaram a ser pessoas com quem ela sabia que poderia contar. Isso foi criando e fortalecendo os laços entre a menina e o Instituto, que daí em diante passou a ser um lugar muito querido por ela.

Essa relação se aprofundou ainda mais quando uma das professoras apresentou à menina uma artista que se tornaria sua maior inspiração: Bia Ferreira. Dona de sucessos como "Cota Não É Esmola" e "Não Precisa Ser Amélia", Bia vem ganhando cada vez mais visibilidade e influenciando cada vez mais jovens.

Inspirada pelo trabalho da ídola e com sua relação com o Instituto cada vez melhor, Tainá passou a ganhar confiança em si mesma e a manifestar seus talentos. Certo dia, um amigo sugeriu uma possível vocação para liderança, dada sua personalidade forte e sua presença notável. Tainá hesitou, mas teve que concordar com ele. Desde nova, a menina demonstrava características que sugeriam um possível talento nessa área.

> *É importante que os possíveis talentos do jovem sejam reconhecidos. Por falta de orientação, muitos acabam seguindo profissões que destoam de suas características pessoais, levando à frustração profissional.*
>
> *Por isso, enfatizamos muito o planejamento de carreira em função da personalidade. Seja o trabalho um meio para que o jovem alcance seus sonhos ou mesmo o próprio sonho, a satisfação gerada pela profissão deve pesar mais na decisão do que os benefícios e o salário.*

Novas Perspectivas

Em uma visita a uma empresa parceira do Instituto, Tainá conta: "O pouquinho da empresa que levei para minha vida foi a união." Essa e muitas outras experiências cada vez mais a faziam perceber a importância de ter pessoas ao seu redor.

Foi um dia que o Instituto conhece como o Dia do Voluntariado. Nele, os colaboradores apresentaram a empresa e fizeram uma atividade em grupo com os alunos do Ser +.

Nessa atividade, cada colaborador compartilhou um pouco sobre sua história de vida, o porquê de ter escolhido sua profissão e os planos que tinha para a carreira. Ao final, foi aberta uma sessão de perguntas para que os jovens pudessem tirar suas dúvidas e compartilhar suas experiências de aprendizado também.

Quando um amigo apontou a predisposição para liderança que Tainá tinha, ela não levou muito a sério. Até que, um dia, uma experiência no trabalho a fez perceber que, muito provavelmente, ele estava com razão.

O supervisor de Tainá, que a treinara durante os meses anteriores, havia deixado o cargo em função de uma oportunidade melhor. O que aconteceu a seguir foi que o setor em que a jovem trabalhava ficou com o cargo vago durante algumas semanas, deixando a jovem e alguns outros funcionários sem liderança.

Em vez de bagunça e desordem, o que se encontrava no local era um setor arrumado e organizado. Tainá havia assumido algumas das funções de seu antigo supervisor por conta própria, quase que de forma natural. A experiência foi fazendo com que ela percebesse que seu amigo, de fato, estava certo em relação ao seu talento para liderança. Em vez de sentir frustração por estar exercendo funções que não eram as suas, Tainá descobriu que sentia um prazer enorme em liderar.

> *As experiências de vida nos influenciam significativamente. Muitas vezes, a desmotivação com o trabalho ou estágio não é a condição em si, mas a falta de perspectiva. Quando o jovem enxerga propósito*

> no que faz, toda dificuldade com que se depara assume um caráter de desafio, em vez de infortúnio. Os desafios, por sua vez, proporcionam novas experiências e realizações.

Era cansativo, mas muito motivador. Tainá havia descoberto um talento, uma vocação que não deixaria de lado. A predisposição para liderar é um talento raro entre as pessoas, muito incomum nos dias de hoje.

Assim, a jovem ficava cada vez mais empolgada com tudo que acontecia em sua vida, pois estava desenvolvendo um autoconhecimento que, alguns meses atrás, não poderia imaginar que desenvolveria.

Discurso de Formatura

Substituir o gestor não é moleza, ainda mais para um jovem aprendiz. Porém, Tainá demonstrou uma habilidade fora do comum ao assumir essa tarefa. "Apesar de fazer muita falta, a saída do meu gestor me ajudou a desenvolver independência. Eu não tinha mais a opção de perguntar o que fazer, eu precisava tomar decisões. A necessidade de ser proativa me ajudou a descobrir e desenvolver muitas habilidades", conta ela.

Se no trabalho Tainá ficava cada vez mais empolgada com a descoberta de seus talentos, nas aulas, as carências a desmotivavam: ela teve muita dificuldade com o projeto final da turma, também conhecido como projeto de vida e carreira.

Certo dia, as lágrimas que havia conseguido segurar ao se emocionar com a atitude da professora caíram ao se deparar com a dificuldade que enfrentou para realizar o projeto de vida e carreira. Tainá olhava em volta e via todos felizes com o que estavam produzindo. Ela, por outro lado, estava perdida.

A dificuldade com o projeto evocou as lembranças de quando havia ingressado no Instituto: se sentia sozinha e incapaz de se desenvolver. À medida que tentava preencher as lacunas do projeto, ia descobrindo outras e voltando a se confundir. "Será que eu não vou conseguir terminar a tempo?", começou a se perguntar.

Os dias passavam e ela ficava cada vez mais ansiosa por não acompanhar o ritmo dos colegas. Via todos ao seu redor elaborando os projetos mais legais e criativos que poderia pensar. Enquanto isso, ela ia encontrando mais e mais brechas que precisava preencher.

> Hoje, o conhecimento técnico para resolver problemas e conquistar independência é mais importante do que nunca. O mercado de trabalho exige cada vez mais habilidades, fazendo com que haja uma necessidade constante de readaptação. Em um cenário como esse, organizações capacitadas e altamente profissionais como o Instituto Ser + fazem toda a diferença na vida dos jovens."
>
> — **Maitê Leite, presidente do Deutsche Bank no Brasil e voluntária do Ser +**

O desespero tomava conta da menina, até que um dia o professor que estava coordenando o projeto a chamou para conversar. Com medo de que fosse ser chamada atenção, Tainá caminhou até a mesa do professor segurando o choro.

"Se você quiser, pode chegar meia hora antes das aulas que eu te ajudo com o projeto. Se não puder, vamos encontrar outro jeito", disse o professor, com a voz mais amável que pôde. Tainá já não queria chorar de tristeza, mas de emoção. A forma como era tratada no Ser + a fazia se sentir tão bem que, ao pensar nas saudades que sentiria da turma e dos professores, ela não se conteve e deixou cair algumas lágrimas.

Foi combinado, então, que ela chegaria meia hora antes das aulas para que conseguisse a ajuda de que precisava, mas não foi preciso muitos dias de reforço: inteligente como era, Tainá logo entendeu o que precisava corrigir. Após alguns dias a menina havia, enfim, concluído o projeto.

> *Às vezes, tudo o que o jovem precisa é de um pouco de orientação. Ninguém faz nada sozinho, muito menos quando está aprendendo. Nossos professores estão sempre à disposição dos alunos para sanar dúvidas e oferecer reforços. Somos uma equipe: nosso objetivo é somar, nunca competir.*

"Estar entre pessoas que conquistaram grandes coisas me inspirava a querer conquistar também. E a ajuda que os professores ofereciam me ajudava a ter essas conquistas na prática. O Instituto foi excelente em tudo para mim", relata Tainá.

> 🙶 Ser voluntária do Instituto Ser + foi uma experiência de aprendizado mútuo, em que ensinei aos jovens questões relacionadas ao mercado de trabalho e, simultaneamente, aprendi muito sobre mim. Para eles, as referências de pessoas que tiveram grandes conquistas por meio da dedicação são muito importantes, e ter a oportunidade de ser uma dessas referências é simplesmente gratificante."
>
> **– Maitê Leite, presidente do Deutsche Bank no Brasil e voluntária do Ser +**

> *No Ser +, o trabalho voluntário é diversificado e considerado de suma importância na educação dos jovens. A partir do conhecimento técnico que as equipes internas do Instituto têm, os voluntários são capacitados e orientados durante todo o processo de participação nas atividades.*

O dia da formatura estava se aproximando, e a saudade dos amigos e professores já era enorme.

Foi solicitado aos alunos de cada turma que decidissem quem seria o orador, quem faria o discurso de formatura. Naquela turma do Programa Conexões que começara quatro meses atrás, não havia dúvida: quem faria o discurso de encerramento daquela etapa seria Tainá.

Apesar do talento para liderança recém-descoberto, Tainá não apreciava falar em público, mas aceitou o desafio. Se tinha algo que ela havia aprendido a apreciar durante os últimos meses eram os desafios.

Ah, como era prazeroso descobrir que ela dava conta de coisas que jamais pensou que conseguiria fazer!

Alguns dias depois, os alunos do Programa Conexões se reuniram no auditório do Instituto Ser + para a cerimônia de formatura. O orgulho preenchia os olhares de pais e professores, que lotavam a plateia.

Tainá subiu ao palco ainda nervosa, mas foi se tranquilizando à medida que começou a falar:

"Aprendi muitas coisas no Instituto Ser + que, com certeza, levarei para toda a vida. Tenho certeza de que cada um deixará o Instituto ainda com muito a aprender e, acima de tudo, com muita vontade de aprender. Quero agradecer a cada um dos professores pelo apoio, pela paciência e, principalmente, pelo carinho. Aos meus colegas, pelos momentos compartilhados. Não sejam figurantes, sejam protagonistas. Sejam os protagonistas da sua própria história."

Uma salva de palmas encerrou a bela formatura da turma de Tainá. Também, com um discurso desses, é impossível não aplaudir. Com uma foto que reunia alunos e professores, eles se despediram daquela aventura para abraçar muitas outras.

O discurso de Tainá resume bem o que o Instituto Ser + espera para os jovens: que eles sejam os protagonistas da própria história. Que eles sonhem, acreditem e conquistem o que quiserem. Que eles sejam quem quiserem ser.

Tainá Hoje

Após iniciar sua jornada profissional como jovem aprendiz em uma empresa parceira do Instituto Ser +, Tainá conquistou uma nova oportunidade como estagiária na área de recursos humanos.

É para que mais histórias como essa se realizem que o Instituto Ser + vem trabalhando desde 2014. Infelizmente, inúmeros talentos são desperdiçados todos os dias por falta de esperança. Começamos lá atrás com um pequeno grupo de 20 jovens e, desde então, nunca permitimos que as dificuldades nos impedissem de seguir trabalhando em função do que acreditamos. O resultado: mais de 75% dos jovens formados pelo Instituto foram preparados e direcionados a oportunidades no mercado de trabalho.

Graças a uma parceria entre o Instituto Ser + e uma instituição de ensino superior, hoje Tainá é aluna do curso de recursos humanos. No trabalho, seu chefe a elogia muito e tem planos para efetivá-la quando a vigência do contrato de aprendiz terminar.

Dois sonhos estão entre os planos principais da menina. O primeiro é ser psicóloga. Tainá conta: "Quero ajudar crianças que, como eu, têm dificuldades para se comunicar e precisam de orientação." O segundo é ser gestora de uma grande empresa. Por quê? "Para inspirar pessoas", afirma.

Entre as inúmeras histórias de aprendizado proporcionadas pelo Instituto que Tainá carrega consigo, está a de uma menina que ela conheceu ao final de uma aula. "Ela estava na porta da universidade (que fica próxima ao Instituto) e chorava muito. Quando perguntei o que havia acontecido, ela disse que não aguentava mais o fato de que sua mãe não tolerava sua orientação sexual, e que estava disposta a tirar a própria vida em função disso. Pedi que ela me aguardasse voltar, então subi e peguei um copo d'água. Quando retornei, um dos professores estava conversando com ela."

Era outra vida que o Instituto Ser + ajudaria a mudar.

Conheça mais sobre os personagens deste capítulo conferindo a entrevista abaixo:

Maitê Leite

Conheça mais sobre a experiência voluntária da Maitê Leite, Presidente do Deutsche Bank no Brasil

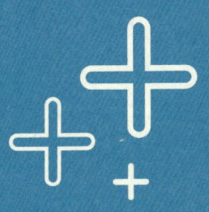

COMPARTILHE ESTA IDEIA!

"O maior bem que podemos fazer pelas pessoas não é compartilhar nossas riquezas com elas, mas mostrar-lhes suas próprias."

— **Zig Ziglar**
escritor norte-americano

CAPÍTULO 3

O Sonho: Por que Disseminar e Compartilhar Conhecimento

> 'Vocês foram os escolhidos para estar aqui. Façam esta oportunidade valer a pena.' Essa foi uma das mensagens que me impactou muito, logo no início do curso. E fico feliz em dizer que sim, valeu a pena! Saí do curso com mais fome de conhecimento e, principalmente, com o desejo de poder dar continuidade ao legado que a metodologia do Ser + deixou em mim: acolher e cuidar do próximo. Partindo dessa filosofia, fundei um jornal comunitário em minha comunidade. Poder impactar positivamente a vida das pessoas, assim como eu e outros tantos jovens fomos impactados pelo Ser +, me enche de orgulho e gratidão."
>
> **Felipe Marconato – jovem participante dos Programas do Ser +**

A Importância de Sonharmos Juntos

Acreditamos que é de fundamental importância não apenas oferecer aos jovens as ferramentas e meios necessários à realização de seus sonhos, mas também compartilhar esse objetivo que surgiu com a fundação do Instituto.

Os resultados são amplamente potencializados quando o conhecimento e as experiências são compartilhados. Devemos ver o jovem como a esperança de um futuro mais justo e equilibrado, em que as diferenças entre as pessoas sejam um fator que agrega valor ao âmbito coletivo. Acreditamos que esse amanhã é perfeitamente possível, mas que é necessário dedicação para o tornar realidade.

Compartilhar essas experiências é algo não apenas positivo, mas essencial. Ao nos voltarmos para os resultados colhidos pela sociedade, enfatizamos o potencial da juventude para transformar a realidade em que vivemos.

Leonardo Framil, CEO no Brasil e na América Latina da multinacional de consultoria em gestão Accenture, fala sobre sua visão de como o desenvolvimento pessoal e profissional de jovens impacta o mercado de trabalho por meio de sua experiência no projeto Start:

"Minha juventude inquieta era cheia de dúvidas em relação ao futuro. Aconselhado pelo meu pai, decidi me formar engenheiro, apesar de ter cogitado ser músico. Meu pai foi uma figura muito importante, pois soube me orientar de maneira firme e parceira. Toco bateria até hoje, mas acredito que foi muito positivo ter seguido o conselho do meu pai.

"Meu maior desafio ao longo da vida foi lidar com as frustrações pessoais e profissionais sem perder o foco e a energia para seguir em frente. A capacidade de superar momentos de provação em que a falha, as perdas pessoais ou mesmo a falta de resultados nos atinge tem sido algo fundamental na minha jornada.

"Contudo, acredito que a maior lição que aprendi na vida com relação ao sucesso é que a diferença entre as pessoas bem-sucedidas e as demais é a atitude perante a vida. A capacidade de aprender continuamente, de surpreender em tudo o que fazem e formar equipes são exemplos de atitudes que percebo entre pessoas bem-sucedidas. Com o tempo, notei que essas pessoas não são gênios, mas gente que transforma boas atitudes em hábitos.

"Quando o tema é a inserção da juventude no mercado de trabalho, a chave da questão é a oportunidade. Os jovens em situação de vulnerabilidade socioeconômica, às vezes, possuem lacunas do ensino formal, mas têm outras habilidades que os tornam plenamente capazes de assumir grandes desafios no mundo corporativo, desde que guiados da maneira correta. Os jovens são conectados, curiosos e têm muita energia e disposição para aprender e nos ensinar. A conexão deles com uma rede de contatos profissionais e bons mentores faz toda a diferença no início da carreira.

"Sob a perspectiva das empresas, é necessário um entendimento dos desafios que a juventude enfrenta e um olhar inclusivo a respeito da ampliação de oportunidades para os jovens. Sob a perspectiva da juventude, é necessário ser proativo, principalmente em um momento no qual a inovação digital traz mudanças profundas para o mercado. Devemos reimaginar o desenvolvimento da força de trabalho de modo que as pessoas consigam oportunidades e apoio para se qualificar.

"Apoiar os jovens e investir neles é uma iniciativa de ganhos mútuos: além de gerar um impacto social notável, também se traduz em benefícios para as empresas, pois somente equipes com diversidade de pensamento conseguem lidar com os desafios complexos que enfrentamos. E as empresas precisam dar o primeiro passo: não basta esperar que os jovens apareçam prontos, é preciso fazer sua parte. Assim, cria-se um círculo virtuoso, como aconteceu no Projeto Start. O futuro do trabalho não deve ser apenas eficiente, mas também inclusivo.

"Para se destacar diante de um desafio tão importante quanto à empregabilidade de jovens, é necessário um ecossistema forte. O Projeto Start é um grande orgulho para a Accenture e um exemplo da força dessa rede, que envolve o Instituto Ser +, escolas e outras empresas. O projeto virou um caso de sucesso para a Accenture do Brasil e por isso pudemos expandi-lo para outros quatro países da América Latina. Nós acreditamos na força dos bons exemplos como inspiração.

"Temos uma jornada incrível de muito aprendizado durante todos esses anos de projeto e queremos que esse conhecimento impacte o máximo de jovens quanto for possível. No caso do Projeto Start, temos o objetivo de capacitar aproximadamente 10 mil pessoas no Brasil, na Argentina, no México, no Chile e na Colômbia em um ano e meio de projeto, além de gerar conhecimento e levar inovação e transformação digital para as ONGs participantes.

"Na Accenture, criamos junto com os nossos clientes e parceiros, e pensamos em soluções que realmente façam sentido e melhorem a vida da sociedade. No caso de um projeto social como o Start, tornar o jovem protagonista do seu destino, com a possibilidade de sonhar e ter escolhas, é o principal objetivo. Para que isso aconteça, organizações como o Instituto Ser + nos ajudam a dar vida a essa estratégia e ecoar esse conhecimento. Criar um ambiente de escuta e colaboração entre todos os atores que têm o mesmo objetivo é uma grande ferramenta de transformação.

"Nosso objetivo é um futuro inclusivo de sucesso compartilhado: a Accenture tem como meta capacitar pessoas para gerar renda por meio de um emprego ou do empreendedorismo na economia digital. E, para isso, é necessário criar condições para acomodar populações vulneráveis neste momento de transformação. Queremos liderar pelo exemplo e construir pontes para um país que valorize a diversidade e que possa gerar oportunidades para todos, com uma aliança entre empresas, governo e sociedade.

"Acreditamos que o Brasil pode ser o país que sonhamos e merecemos e que, para isso, precisamos ter coragem para tomar decisões que não somente considerem a empresa, mas toda a sociedade. Acreditamos que fazer a coisa certa é o único caminho e que temos a oportunidade de tornar o Brasil uma grande potência, com oportunidades para todos."

Assim como Framil, enxergamos na juventude a chance de construir um mundo melhor para todos. Por meio dos projetos em parceria com empresas e instituições de ensino, entendemos que é possível apresentar ao jovem diferentes tons para colorir uma realidade que, muitas vezes, é vista em preto e branco.

A Jornada Começa

É feriado de Páscoa. São 9h da manhã. Felipe e seu amigo estão navegando na internet, fazendo uma pesquisa escolar cujo tema é educação e, de repente, se deparam com um site que lhes chama a atenção.

"Cara, é aqui em São Paulo. Eu já tenho muita coisa para fazer durante a semana, mas você devia tentar", diz seu amigo, incentivando o colega de classe. Felipe lhe pede que anote o endereço para ele em um papel.

À época, a internet, apesar de amplamente utilizada no Brasil, ainda não alcançava a maioria das residências, principalmente as mais carentes. Felipe havia ido até a casa do amigo para fazer a pesquisa, visto que não tinha internet ou mesmo computador em casa.

"Tá na mão", diz o amigo de Felipe, entregando a ele o papel com o endereço e o telefone do lugar. O menino encara o papel com poucas esperanças de que aquilo vá lhe trazer alguma mudança significativa. Triste, o menino olha para o quarto do colega e pensa consigo o quanto gostaria de ter um quarto como aquele.

Porém, outras coisas deixam-no muito mais triste do que o quarto que não tem. Filho caçula, Felipe, a mãe e os dois irmãos vivem uma realidade muito dura. Sua tia cuida da casa dos sobrinhos para que a mãe possa trabalhar. Ela sai de casa às 6h da manhã e só retorna tarde da noite.

Ele e seus irmãos comem quando sobra comida na casa dos patrões. Solteira, a mãe de Felipe trabalha como empregada e tem muita dificuldade para sustentar os dois meninos.

O menino precisou trabalhar desde os 6 anos para ajudar em casa. Em breve, faria 17 anos, mas a ideia de uma festa de aniversário nem passava pela sua cabeça. Havia muito o que fazer pela vida dele, dos irmãos e da mãe.

> *A condição de vulnerabilidade social é um fator que dificulta fortemente o desenvolvimento, mas não deve jamais torná-lo impossível. Por meio dos projetos de capacitação e inclusão social oferecidos pelo Instituto, o jovem tem a oportunidade de se capacitar para ingressar no mercado de trabalho com competência e autoconfiança.*

De volta a Americanópolis, bairro em que mora, Felipe é surpreendido pela mãe com a notícia de que ela estava esperando um quarto filho. Era tarde da noite, ele havia trabalhado muito e precisava descansar para encarar outro dia inteiro de trabalho depois que voltasse da escola.

Felipe estava feliz com o fato de que ganharia um irmão, mas a notícia o deixou preocupado. Se manter uma família de três pessoas já era difícil, imagine uma família com três pessoas e mais um recém-nascido.

Cartas para o Futuro

"Resolvi tentar uma vaga naquele Instituto do site que descobrimos. Fiz uma entrevista e passei. Começo na semana que vem", conta o amigo no recreio. "Que bom, cara. Fico feliz por você", responde Felipe.

Mas o que o menino realmente sentia, na verdade, era algo bem diferente de felicidade. Ele também sentia vontade de fazer o curso, mas abandonar o trabalho não estava entre as opções que ele considerava. Era necessário ajudar sua família, e ele sabia que tudo ficaria muito mais difícil se não o fizesse.

Quando chegou em casa mais tarde naquele dia, o jovem estava exausto. A semana de provas não havia facilitado aquela que era uma realidade já bastante desafiadora. Ele deitou a cabeça no travesseiro e pensou no que seu amigo disse. Se ele havia conseguido, talvez Felipe também conseguisse. Nesse momento, ele se vira de lado e vê seus irmãos. "Tudo o que preciso está aqui", pensa.

Algumas semanas depois, Felipe é convidado pelo amigo para visitar o Instituto Ser +. O que aconteceria, na verdade, era uma atividade aberta, em que cada aluno poderia levar alguém como convidado. Após a insistência do colega, concordou em participar, apesar de estar mais inclinado a dizer não.

Quantas pessoas, assim como o jovem, não estariam mais inclinadas a dizer não? Quantas oportunidades de descobrir um novo mundo de possibilidades são jogadas fora em virtude de desafios semelhantes? O contato com o Instituto Ser + mudaria a vida de Felipe, mas ele não fazia a menor ideia do que aconteceria a seguir.

Ao chegar ao auditório, ficou deslumbrado com a receptividade. Só os olhares nos rostos dos professores faziam com que os convidados se sentissem parte do Instituto. "O Ser + é abraço, é acolhimento", relataria Felipe alguns anos depois.

Mais tarde naquele dia, o jovem sentou-se para ler um livro. Ao virar cada página, ele lembrava como havia se sentido no Instituto mais cedo e se distraía da leitura. Aquele evento havia renovado as esperanças dentro daquele menino que nunca deixou de acreditar em si, que nunca deixou de acreditar na vida. Contudo, o cotidiano difícil o puxava para baixo sempre que ele ameaçava alçar voo.

Felipe deixa o livro na mesinha ao lado da cama e resolve escrever. "O lápis é bem mais leve do que a pá", lembra-se da frase dita por uma professora da escola. Ele sabia bem que a frase era verdadeira, mas, às vezes, se esquecia da leveza de momentos como aquele vivenciado no Instituto, pois estava já bastante acostumado com o peso da realidade.

De palavra em palavra, Felipe escreveu uma carta para seu eu no futuro, o que acabou acontecendo outras vezes. A cada frase, colocava toda a esperança que tinha de transformar sua vida e a da família em algo melhor. Aquilo o animava e, de certa forma, o motivava a seguir em frente.

Desafios e Mudanças

O primeiro dia de aula no Instituto Ser + foi especial. Felipe havia se inscrito para o processo seletivo do Programa Conexões naquele dia em que visitou a instituição com seu amigo e foi aprovado. Uma nova jornada começava em sua vida.

O apoio dos professores, tanto psicológico quanto prático, foi muito importante para que ele conseguisse conciliar suas responsabilidades. Por meio das aulas e do conteúdo oferecidos pelo Instituto, Felipe teve a oportunidade de se desenvolver, preencher as lacunas de aprendizado que tinha até então e seguir em frente acreditando em um futuro melhor.

No começo, foi difícil, mas ele logo foi se acostumando. Apesar de jovem, Felipe já havia acumulado muitas experiências devido ao trabalho. Foi apenas uma fase de adaptação até que ele estivesse acostumado com a nova rotina.

Com o ingresso no Ser +, sentia-se mais motivado a estudar. Apesar de sempre ter prezado pelo conhecimento e, principalmente, pela leitura, o menino tinha algumas dificuldades. As aulas de reforço escolar foram essencialmente importantes, pois ele teve a oportunidade de aprimorar os conhecimentos do ensino escolar.

> Às vezes, os jovens em situação de vulnerabilidade socioeconômica apresentam lacunas do ensino formal, mas têm outras habilidades que os tornam plenamente capazes de assumir grandes desafios no mundo corporativo. Os jovens são conectados, curiosos e possuem muita energia e disposição para aprender e nos ensinar. Sua conexão com uma rede de contatos profissionais e bons mentores faz toda a diferença no início da carreira."
>
> — **Leonardo Framil, CEO da Accenture no Brasil e na América Latina**

Certo dia, Felipe acorda de madrugada e vê sua mãe chorando. Preocupado, ele se aproxima e a abraça, dizendo que estaria com ela sempre que fosse necessário.

Nesse dia, ele e os irmãos não haviam tido aula e, consequentemente, não haviam almoçado ou lanchado. Todos esperavam ansiosamente pela janta que costumava vir no fim do dia, mas a mãe chegou de mãos vazias: não havia sobrado comida na mesa dos patrões.

Ver a mãe chorando foi um momento determinante na vida de Felipe. Daquele dia em diante, ele prometeu a si mesmo que sua mãe nunca mais passaria por uma situação como aquela. Ele prometeu a si mesmo que a vida dela e dos irmãos seria melhor, e que abriria mão de qualquer coisa que fosse necessária para ver sua família feliz. Apesar de garoto, Felipe já tinha a maturidade e as atitudes de um verdadeiro homem.

Sua recordação desse dia é simplesmente emocionante. Ele conta essa história com a naturalidade de quem enfrentou e venceu grandes desafios pela vida. O menino começou acreditando nele mesmo, e sua determinação fez o resto por ele.

Acreditar em um futuro melhor para o próximo é acreditar em um futuro melhor para nós mesmos. Gerar oportunidades é o que nos faz querer sempre ir além, é o que nos move.

> *Existem milhares de histórias como a do Felipe. Quando disseminamos oportunidade, construímos um mundo melhor para todos. As dificuldades existem, nem sempre é possível as amenizar ou mesmo as dissolver. Porém, sempre podemos fazer algo em relação ao próximo. Vivemos em sociedade, e a sociedade é fruto do que esperamos para ela.*

Houve momentos em que Felipe recebeu convites para adentrar ao mundo do crime. Felizmente, ele recusou a todos sem mesmo hesitar. Entre os fatores que o ajudaram a permanecer longe dos caminhos tortuosos, ele cita o livro *Quarto de Despejo*, da autora Carolina Maria de Jesus, em que ela declara que, apesar das dificuldades, nunca deixou de ler.

A dificuldade de acesso a recursos básicos de educação prejudica fortemente os jovens mais vulneráveis. Por isso, é crucial que existam meios facilitadores desse acesso. Agregar conhecimento é um fator de extrema importância, que tem potencial para transformar vidas.

Felipe, assim como a autora do livro, nunca deixou de ler. Os esforços que teve para seguir um caminho diferente de muitos de seus colegas valeram a pena em todos os sentidos, segundo palavras dele. Foi por meio do estudo, do trabalho e da dedicação que ele encontrou um caminho de realização, procurando sempre agregar para os demais.

O ingresso no Ser + foi um verdadeiro divisor de águas, um momento que impactou fortemente a vida de Felipe. No Instituto, ele teve o suporte necessário para desenvolver suas habilidades, descobrir seus talentos e conquistar o primeiro emprego formal.

Assim, o jovem viu sua vida mudar, ainda que um pouco de cada vez. A cada dia, ele foi cultivando mais e mais a esperança de ter uma vida melhor e de conseguir levar os frutos de suas conquistas para sua família.

Transformando o Veneno em Antídoto

Felipe percebeu que poderia transformar as dificuldades em desafios e que superá-las era uma questão de foco e perseverança. Cada dia mais determinado, o menino ganhava cada vez mais garra para dar conta das cobranças da vida. Ele havia encontrado uma grande oportunidade e estava disposto a ir o quão longe fosse necessário para concretizar sua promessa: libertar a família da vulnerabilidade.

"Foi no veneno da fome que encontrei o antídoto para a dúvida de quem eu queria ser", afirma Felipe. Na época que ingressou no Instituto, seu objetivo era, antes de mais nada, dar uma vida melhor para sua família. Seus sonhos ainda não estavam bem definidos, porque a vida não o dava muito tempo para pensar neles, para pensar em quem queria ser. Mas, muito em breve, ele descobriria que havia começado a trilhar a estrada que levaria a seus sonhos muito antes de descobri-los.

As atividades de autorreflexão e de autoconhecimento o ajudaram muito. Felipe se encontrava em um momento muito difícil, em que a vida exigia muito dele. Pela primeira vez, no Instituto, o menino despertou para a dúvida de quem ele queria ser e não apenas quem precisava ser.

> O objetivo do Instituto Ser + é levar para o jovem a perspectiva de que ele pode ser quem quiser, independentemente de onde venha e das dificuldades que precise enfrentar.

O Castelo de Areia

Certo dia, em uma das aulas de cidadania, a turma fez a análise da letra de "Castelo de Areia", do artista MC Hariel. Aquele foi um momento de epifania, pois Felipe percebeu algo que mudaria sua postura e maneira de encarar a vida dali em diante. O jovem percebeu que tudo o que precisava para construir o castelo que queria estava dentro dele. Ele tinha tudo o que era necessário, bastava colocar para fora. A partir daí, passou, de fato, a acreditar em quem ele era e no que poderia conquistar.

Aos poucos, Felipe foi dando vazão a seus sonhos, foi construindo seu castelo. Ele percebeu que a vida podia ser mais do que simplesmente ter condições melhores, ainda que isso representasse uma grande conquista. Felipe passou a enxergar de maneira cada vez mais ampla, passou a ter sonhos cada vez maiores.

Um deles era ser professor. O menino descobriu uma paixão pelo ensino, por ajudar o próximo, que nunca mais abandonaria. Outro sonho que surgiu em seu coração foi o de ser jornalista. Mergulhado naquela perspectiva de otimismo, Felipe entrou em um ciclo de motivação e resultados que faria parte dele para o resto da vida.

> *A formação cidadã é fundamental para despertar a reflexão. O jovem precisa entender quem ele é antes de decidir por onde gostaria de caminhar. Não desenvolver o autoconhecimento aumenta as chances de frustração com a tomada de decisões. Para evitar o desperdício de esforços e a otimização de resultados é necessário o autoconhecimento. E nenhum outro caminho leva ao autoconhecimento senão o da reflexão.*

"A imaginação, a capacidade de sonhar, é o que acabamos trazendo para a realidade. Infelizmente, muitas pessoas se entregam às adversidades. Foram as minhas esperanças que me alimentaram ao longo da vida", relata Felipe.

Nossa capacidade de sonhar é fortemente influenciada pelo meio em que vivemos. Se não há inspiração, não há sonhos. E se não existem meios, caminhos que nos conduzam à realização dos nossos sonhos, eles ficam para trás, esquecidos no tempo. Assim, nos esquecemos de nossa causa maior, daquilo que nos move a seguir em frente.

> *O maior legado que podemos ter é o que deixamos para a humanidade. A importância de disseminar o conhecimento é agregar para o próximo, é proporcionar um efeito dominó de ampla escala, que beneficia a toda a sociedade. Em cada jovem existe um potencial enorme para a transformação, uma fonte inesgotável de talento e capacidade.*
>
> *Pelos meios que viabilizam o desenvolvimento dessas características, colhemos os frutos provenientes da semente do talento que existe em cada jovem. E esses frutos alimentam milhares de outras sementes mundo afora.*

A Surpresa do Menino

Entre os professores da escola, Felipe cita duas profissionais que sempre foram grande fonte de inspiração para ele. Com seu olhar humanitário, sempre reforçavam que as diferenças que existiam entre elas e os alunos não os tornava diferentes.

Alguns meses se passaram desde que Felipe havia ingressado no Instituto. Tudo estava indo bem, até que o Natal foi se aproximando.

As férias de dezembro são um verdadeiro sinônimo de felicidade para a maioria dos estudantes, mas, para o menino, não havia muito o que festejar. Ele se sentia grato pelas oportunidades que conseguira, pelos amigos que tinha e por estar caminhando em um rumo muito diferente daquele em que se encontrava alguns meses atrás, mas a tristeza em seu coração era inevitável. Felipe tinha um desejo imenso de proporcionar uma ceia de Natal digna para ele e sua família, mas sabia que aquilo dificilmente seria possível.

As últimas provas do ano se aproximavam e os amigos começavam a trocar ideias sobre os presentes que ganhariam. Entre as meninas, surgiam conversas sobre maquiagem, roupas e acessórios de beleza. Entre os meninos, havia grande euforia sobre quem ganharia qual videogame naquele ano.

Felipe encarava o chinelo rasgado. Adoraria ter o prazer em dizer que ganharia uma roupa, um tênis ou mesmo um livro, mas sabia que isso não aconteceria. Mas o menino olhava para os colegas com alegria, pois estava mesmo feliz por eles.

A turma de Felipe contava os dias para o Natal. Desanimado, o menino se distraía durante a aula e rabiscava algumas coisas no caderno. Qualquer coisa que o distraísse daquela atmosfera de entusiasmo que, naquele momento, não condizia com seus sentimentos.

O sinal tocou, hora do recreio. O jovem caminhou até a fila do lanche observando tudo à sua volta. Buscava ansiosamente por algo que tirasse sua mente do triste pensamento de que seu Natal não seria dos melhores. Ele estendeu a mão, pegou o suco e o pacote de biscoitos que lhe foi oferecido e se sentou à mesa, sozinho com seus pensamentos. Naquele dia, não queria companhia.

Faltando poucos minutos para o fim do recreio, Felipe se adiantou no retorno à sala, procurando diminuir a possibilidade de ouvir outro comentário sobre o maravilhoso Natal de alguém. Ele costumava ficar feliz por seus amigos, mas, naquele dia, estava triste porque não conseguia pensar em outra coisa que não fosse o Natal que não teria.

Na volta para a sala, encontrou a professora de que tanto gosta e ela o abraçou. Um pouco surpreso com o gesto repentino, o menino recebeu o carinho, fazendo certo esforço para conter as lágrimas.

Seu esforço de evitar a turma foi em vão. Felipe adentrou a sala, sentou-se e, prestes a afundar a cabeça nos braços até o início da próxima aula, percebeu um embrulho em cima de sua mesa.

Atônito, notou a presença de um cartão colorido, com os dizeres: "Talvez eu não possa fazer muito, mas, este ano, espero que o seu Natal seja diferente." Um presente das professoras que tanto gostava.

Às vezes, não podemos fazer muito, mas o pouco que fazemos pode mudar o dia de alguém. Disseminar o bem é um hábito que deve ser cultivado entre todos. É em cada passo, cada atitude, cada gesto, que fazemos a diferença. Os anos passam, as estações mudam, mas a diferença que fazemos no dia de alguém é uma lembrança que dura para sempre.

> " Tornar o jovem protagonista do seu destino, com a possibilidade de sonhar e fazer as próprias escolhas, deve ser o objetivo principal. Para que isso aconteça, organizações como o Instituto Ser + são fundamentais para dar vida a estratégias e para ecoar o conhecimento. Criar um ambiente de escuta e colaboração entre todos os atores que têm um objetivo comum é um grande meio para a transformação."
>
> – Leonardo Framil, CEO da Accenture no Brasil e na América Latina

Por isso acreditamos nos sonhos dos jovens. Acreditamos em um futuro diferente para milhares deles que, assim como o Felipe, veem o brilho de suas esperanças ofuscado pelas adversidades da vida. Mudar a vida desses jovens é, para nós, antes de mais nada, um prazer imenso. Uma oportunidade que encontramos de transformar um cenário de dificuldades em um contexto de superação.

Assim como disse a professora de Felipe, talvez não possamos fazer muito. Mas o pouco que fazemos gera grandes mudanças para todos, não apenas para o jovem.

Felipe Hoje

Felipe trabalhou em uma empresa parceira do Instituto durante cinco anos. Tendo começado como jovem aprendiz, após dois anos atuando na empresa, ele decidiu dar início à sua educação em um curso superior. "O Ser + forma não apenas cidadãos, mas verdadeiros agentes da transformação. Essa missão, de transformar a vida do próximo, carrego comigo desde que fui aluno do Ser +", relata Felipe, que hoje trabalha como coach em uma grande empresa brasileira, ajudando a criar milhares de histórias de superação como a dele.

Entre os projetos que conduz atualmente, o jornal *Alô, Comunidade* faz a diferença no bairro de Americanópolis, onde cresceu. O objetivo do jornal é comunicar aos moradores sobre os acontecimentos — com ênfase para os positivos — que ocorrem na comunidade. A ideia é levar para as pessoas do bairro em que ele viveu sua infância e adolescência a perspectiva de que nem tudo são problemas, como vemos em muitos telejornais.

> É necessário que as empresas e organizações entendam os desafios que a juventude enfrenta e desenvolvam um olhar inclusivo a respeito da ampliação de oportunidades para os jovens. Apoiá-los e investir neles é uma iniciativa que oferece ganhos mútuos: além de gerar um impacto social notável, também se traduz em benefícios para as empresas, pois somente equipes com diversidade de pensamento conseguem lidar com os desafios complexos que enfrentamos no mundo atual."
>
> — **Leonardo Framil, CEO da Accenture no Brasil e na América Latina**

Outro de seus projetos é o Inclusão na Rua, cuja ideia originária Felipe teve logo após sofrer preconceito ao descer a rampa de um apartamento. "A figura dos agentes sociais é fundamental como espelho social. Eles são o reflexo daqueles que mostram verdadeiramente que o jovem pode ser quem ele quiser, e que suas adversidades não o impedem de conquistar uma vida melhor. Que ele, assim como eu fiz, use o veneno da fome como antídoto para uma vida melhor", compartilha o jovem.

Hoje, com seus 29 anos, Felipe é o jornalista e publicitário que, na adolescência, sonhou em ser. Pós-graduando em coaching por um instituto pioneiro no setor, sua maior missão de vida é transformar a realidade de milhares de pessoas que moram nas periferias. Esses são a missão e o propósito com que Felipe se conectou muito cedo e dos quais pretende nunca abrir mão.

Quando perguntado que mensagem gostaria de deixar para os jovens, ele a resume em duas simples palavras: "Amor e perseverança. Perseverança para superar as adversidades, e amor para ter motivação para superá-las. Independentemente do momento ou das fragilidades que temos, nunca podemos deixar de fazer duas coisas: sonhar e acreditar."

São histórias como a do Felipe que inspiram e motivam pessoas, e mudam os cenários de dificuldades. A esperança e o conhecimento, quando compartilhados, oferecem resultados coletivos que se multiplicam rapidamente.

Felipe olha para as cartas que escreveu na adolescência para o futuro e se sente muito feliz. Apesar das lembranças da fome, da dificuldade e da dor, ele é muito grato à vida pelas oportunidades que lhe foram apresentadas. Aquele jovem que precisou começar a trabalhar muito cedo para sobreviver sente-se muito orgulhoso de tudo o que superou e construiu.

Conheça mais sobre os personagens deste capítulo conferindo as entrevistas abaixo:

Leonardo Framil
CEO da Accenture para Brasil e América Latina.

Felipe Marconato
Jovem participante dos Programas do Instituto Ser +.

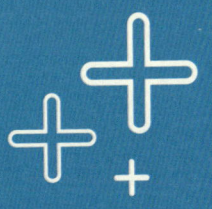

Parte 2

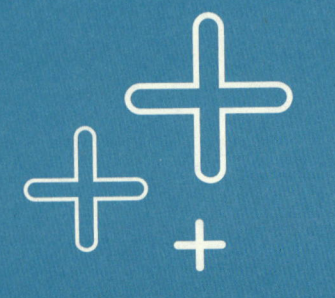

Nesta parte, você conhecerá a metodologia do Instituto Ser +. Como os jovens são capacitados para ingressar no mercado de trabalho? De que maneiras o Instituto constrói pontes para os sonhos? Quem são os responsáveis por orientar as juventudes em suas trajetórias? Por meio dos relatos de jovens que passaram pelo Instituto e tiveram sua vida transformada, essas e outras questões são explicadas nos capítulos a seguir.

O conhecimento técnico dos profissionais do Instituto se faz extremamente necessário quando o assunto é preparar os jovens para encarar um mercado de trabalho cada vez mais exigente. Com uma metodologia própria, o Instituto abraça a tarefa de capacitar a juventude para as oportunidades profissionais.

Aqui, você entenderá as etapas do processo seletivo para ingresso no Ser + e perceberá que não se trata de uma experiência reprobatória, mas de um primeiro contato que visa desenvolver a empatia com o jovem e fazer com que ele se sinta bem-vindo. A ideia é somar, nunca excluir.

A metodologia do Instituto é baseada nos quatro pilares da educação, conceito que constitui as bases para um desenvolvimento pessoal e profissional completo, oferecendo não apenas a capacitação profissional, mas também o desenvolvimento das *soft skills* tão necessárias no mundo em constante mudança em que vivemos.

Nos programas do Instituto Ser +, cada etapa revela novas características do jovem, estimulando sempre o autoconhecimento, a autoestima e o desenvolvimento de talentos. O foco é fornecer a ele a possibilidade de descobrir quem é para buscar os próprios sonhos.

A realização de qualquer grande objetivo começa no sonho, mas são necessários preparo e planejamento para o realizar. O Instituto Ser + oferece as ferramentas para essa realização, e, nesta parte, você entenderá como.

COMPARTILHE ESTA IDEIA!

"Ser empático é ver o mundo com os olhos do outro e não ver o nosso mundo refletido nos olhos dele."

— **Carl Rogers**
psicólogo norte-americano

CAPÍTULO 4

O Processo Seletivo: Personas, Peculiaridades e Cuidados que Devem Ser Tomados

> Eu nunca havia pensado sobre que faculdade eu queria cursar ou o que eu queria fazer no futuro. E, desde o primeiro contato com o Instituto Ser +, eu já senti que minhas perspectivas começaram a mudar. Eram perceptíveis o carinho e a disponibilidade da assistente social, dos educadores e de toda a equipe, tanto no processo de seleção para o curso quanto na preparação para o encaminhamento ao mercado de trabalho. A passagem pelo instituto me fez perceber que, se você nunca parar para refletir, nunca vai saber quais são os seus sonhos e que caminho seguir para atingi-los.

Gabriel Alexandre – jovem participante dos Programas do Ser +

Abraçar, Nunca Excluir

O processo seletivo é um tema amplamente conhecido, inerente a várias etapas da vida, seja no âmbito educacional ou no profissional. Porém, quando falamos do processo seletivo de jovens socialmente vulneráveis voltado à sua capacitação e inserção no mercado de trabalho, é imprescindível que alguns cuidados sejam tomados.

Muitos jovens que atendem a esse perfil vêm de um histórico de adversidades, que pode incluir as mais diversas formas de rejeição, direta ou indiretamente. A reprovação em alguma matéria na escola ou a não aprovação em algum outro processo seletivo pode causar a sensação de inabilidade, reforçando a ideia de que ele não é capaz.

"É preciso que o jovem socialmente vulnerável entenda sua situação como uma condição temporária, não como um estado perene. Com dedicação, ele pode chegar aonde quiser", afirma a diretora de Educação & Diversidade do Instituto Ser +, Ednalva Moura.

Como uma instituição que visa proporcionar à juventude uma oportunidade de mudar de vida e conquistar seus sonhos, o Instituto Ser + busca criar um engajamento natural com o jovem, para que ele se sinta confortável e seguro. A vida, comumente, exige muito dele. Nós, por outro lado, exigimos apenas que ele sonhe mais alto.

Por isso, no que diz respeito aos Programas do Instituto Ser +, é necessário que existam alguns cuidados para que essa experiência não caracterize mais uma reprovação. Ednalva Moura fala a respeito do processo seletivo:

"A juventude é uma etapa da vida cheia de desafios e mudanças. A pressão que a sociedade e a família exercem acaba por trazer ainda mais desafios. Perguntas como 'o que você vai ser?', 'com o que vai trabalhar?' ou 'o que espera da vida?' são frequentes, e a falta de respostas, comum à etapa, pode causar ansiedade.

Não podemos esperar que o jovem tenha respostas para essas perguntas, pois a falta de experiência, somada à falta de autoconhecimento, torna mais provável que ele não saiba. Não há problema algum nisso, desde que o desenvolvimento do adolescente seja incentivado e viabilizado.

O processo do desenvolvimento é muito importante para que o jovem tenha boas experiências, tanto no sentido emocional quando no aprendizado. Ambos estão conectados e, sem um deles, o outro fica prejudicado. Devemos levar para ele o imaginário de que é possível sonhar, de que é possível mudar sua história sem se esquecer de onde ele veio. A partir dos quatro pilares da educação, propostos pelo educador Paulo Freire, difundimos um conceito que seria o quinto pilar: aprender a governar a própria vida.

O cenário atual das comunidades reflete as características socioemocionais que, muitas vezes, o jovem não desenvolveu pela falta de oportunidade. A questão não é a inabilidade em si, mas o que levou a ela e como o caminho inverso pode ser tomado.

Para tal, primeiramente, é necessário estabelecer um vínculo com o jovem. Muitos deles vêm de um histórico de violência em que confiar em alguém é muito difícil, fato que reforça a dificuldade em se relacionar. É preciso que haja conversa, pois a comunicação viabiliza seu desenvolvimento e regula suas reações aos desafios da vida.

Por meio do exercício da cidadania, o jovem passa a se conscientizar do seu eu e da sua importância para a sociedade. Sem essa consciência, é simplesmente incoerente esperar que a juventude socialmente vulnerável demonstre capacidade e aptidão. O problema não é a ausência dessas características, mas a carência de seu desenvolvimento.

Depois que a autoestima é ressaltada, ele tem a oportunidade de enxergar o mundo à própria maneira. Daí em diante, milhares de portas são abertas para que ele escolha a vida que quer ter.

Reforçamos o diálogo com as empresas para que elas também estejam cientes do que esperar de uma juventude que enfrenta desafios muito diferentes daqueles que as gerações passadas enfrentaram. Aqui, o ponto crucial não é a intensidade do desafio, mas a abordagem, que é diferente.

Em meio a todas essas questões, o Instituto Ser + abre suas portas para que o jovem, independentemente de quem seja e de onde tenha vindo, sonhe. A juventude é o futuro, e o futuro, por sua vez, será apenas um reflexo do presente. Construir um futuro melhor depende dos jovens, das instituições e da sociedade.

> *No que diz respeito ao ingresso no Ser +, existe um ponto que o Instituto considera imprescindível, que é atender a maioria de quem, hoje, é minoria. A ideia é olhar para a juventude considerando os desafios que ela enfrenta para que tenha a oportunidade de mudar de vida.*

Não existe prova no Instituto, mas uma entrevista social para ter um primeiro contato com o jovem, e estabelecer com ele uma relação de confiança e sinceridade. Nesse sentido, é de suma importância oferecer apoio também aos familiares e responsáveis que, muitas vezes, sentem dificuldade em lidar com os desafios enfrentados pela juventude devido à falta de comunicação. Mediante reuniões bimestrais e eventos, procuramos sempre que possível convidar também as famílias a fazer parte dessa história.

A partir daí, o jovem passa ao planejamento de vida e carreira, que é a base da metodologia do Instituto Ser +. No projeto de vida, trabalhamos os três pilares básicos do desenvolvimento juvenil, que são o autodesenvolvimento, a autoestima e a descoberta de talentos.

Resumidamente, a ideia do Instituto Ser + é somar, nunca concorrer. É levar para os jovens socialmente vulneráveis o inconformismo, a perspectiva de que eles podem ter a vida que desejarem, não a que lhes foi imposta. E, obviamente, apresentar e oferecer a eles as ferramentas e os caminhos de que precisam para chegar lá."

Gabriel e Sua Trajetória no Instituto Ser +

Era mais um dia da semana repleto de tarefas domésticas na casa de Gabriel. Depois do divórcio de seus pais, o menino se viu com um grande desafio: ter que aprender a cozinhar e a cuidar da casa.

Sua guarda acabou ficando com o pai, com quem passou a morar. Mas o pai trabalhava o dia inteiro e, por isso, a responsabilidade sobre a casa passou a ser dele. Do dia para a noite, o jovem precisou aprender a cozinhar, limpar o chão, tirar poeira dos móveis e arrumar a casa inteira. O que deixava pouco tempo para os estudos.

"Eu sei que a vida não é fácil, moço. Mas você não pode desistir", dizia o pai de Gabriel o tempo todo.

Seu pai é uma figura de muita importância em sua trajetória, um grande motivador para que o menino enfrentasse as adversidades da vida sempre de cabeça erguida.

> *Assim como o Gabriel, milhares de jovens passam por situações que dificultam o acesso ao aprendizado e à educação. Esse é um cenário comum no contexto de vulnerabilidade social, em que há maiores desafios concorrendo com o acesso à educação e inclusão produtiva.*

A rotina de Gabriel era basicamente a seguinte: de manhã, cozinhava e arrumava a casa. De tarde, quando conseguia terminar todas as tarefas ainda pela manhã, dedicava todo o tempo que podia aos estudos. À noite, frequentava a escola. Filho único, não tinha alternativa: com o pai trabalhando, precisava ser o homem da casa.

Eram muitas tarefas, e a forte autocobrança que o jovem tinha em relação a si mesmo não ajudava. Pelo contrário, só o deixava mais cansado e desconcentrado. Como poderia, então, se concentrar nos estudos? Que espaço ele tinha para pensar no futuro e no que gostaria de ser? Como ele poderia correr atrás de seus sonhos se não podia sequer sonhar?

Foi em meio a esse cenário desafiador que ouviu falar sobre o Instituto Ser + e toda a formação que ele proporcionava. Porém, como ele conseguiria dar conta de cuidar da casa, levar os estudos escolares a diante e ainda fazer um curso extracurricular? Gabriel teria tempo para um dia tão cheio? Teria ele disposição física e mental para conciliar as obrigações da vida com o aprendizado?

Um Novo Horizonte

"O Instituto Ser + é ótimo. Se eu fosse você, não perdia tempo", disse o amigo de Gabriel empolgado, como se ele mesmo fosse ingressar no Instituto outra vez. Apesar do entusiasmo do colega, o menino se sentia inseguro quanto a seu futuro. "Será que vai dar certo?", ponderava.

Em meio ao cotidiano desafiante que Gabriel enfrentava, assumir mais uma responsabilidade não estava em sua lista de prioridades. Porém, sabia que precisaria de mais do que apenas o diploma do ensino médio para conquistar algo melhor na vida.

Seu pai apoiava fortemente a ideia do ingresso no Instituto, pois sabia que o conhecimento proporcionado pela instituição era essencial para a formação do filho. Após algumas conversas, Gabriel passou a se sentir mais seguro e confiante em relação à nova aventura.

> *É extremamente importante que os jovens tenham sonhos e vontade de alcançá-los, pois esses são a força motriz do esforço e da dedicação. Sem um panorama de aonde gostaria de chegar, a juventude se sente perdida e desmotivada. Por isso, o Instituto Ser + considera importante o apoio para elaboração de um planejamento de vida e carreira. Uma das primeiras etapas desse planejamento é o primeiro emprego, geralmente como jovem aprendiz, que viabiliza uma experiência proporcional a essa etapa da vida, motivando o jovem a ir mais além.*

Chegou, então, o dia de conhecer o Instituto. A mãe de Gabriel o acompanhou ao fazer a inscrição, visto que seu pai estava trabalhando e não pôde ir. Chegando ao lugar, o menino sentiu-se bem-vindo com a organização e o atendimento do Instituto, que o recebeu de maneira alegre e contagiante mesmo antes de perguntar seu nome. Seus olhos brilhavam com alegria e empolgação ao ter a perspectiva de estudar em um lugar como aquele.

> *Nesse primeiro momento, o objetivo é acolher o jovem e entender quais são suas carências, por meio de uma comunicação fluida e eficaz. É essencial que esse primeiro contato seja positivo, pois muitos vêm de um histórico de insegurança e medo. Ao desenvolver uma relação de confiança, há segurança.*
>
> *Ao lidar com o jovem socialmente vulnerável, esse primeiro contato é ainda mais importante, pois influencia diretamente sua aceitação da instituição e sua permanência nela. Nesse contexto, a primeira impressão é realmente a que fica.*

Após uma conversa com a assistente social do Instituto Ser +, a entrevista fora marcada para algumas semanas a partir daquele dia. Gabriel mal conseguia controlar a empolgação ao voltar para casa, pois havia ficado muito ansioso com a ideia de estudar no Instituto. Mais tarde, o menino contou ao pai a notícia, que também ficou muito empolgado por ele.

> *No Instituto Ser +, cultivamos a valorização da família do jovem por meio de reuniões bimestrais, eventos e palestras. É extremamente importante que o diálogo com a família seja o melhor possível, pois a família constitui a base do convívio diário, essencial para o desenvolvimento do jovem.*
>
> *A aproximação dos familiares e responsáveis também funciona como um meio de transmitir confiança e segurança para eles. Nesses encontros, professores e colaboradores do Instituto ficam à disposição para atendê-los e tirar quaisquer dúvidas.*
>
> *Para aumentar o engajamento e a participação dos familiares, implementamos também algumas atividades em que participam professores, alunos e responsáveis, buscando gerar entrosamento e sintonia.*

Havia, então, surgido uma nova esperança, extremamente motivadora, que havia dado a Gabriel a vontade de sonhar. Até sua disposição para encarar o cotidiano atarefado melhorou. Agora era esperar pelo dia da entrevista e controlar a ansiedade até lá.

Medos e Incertezas

Contudo, algumas inseguranças ainda pairavam pela mente de Gabriel. A principal delas ainda era se conseguiria dar conta de todas as tarefas e manter um bom rendimento no novo curso. O menino sempre se cobrou muito e, dessa vez, não seria diferente. Ter um desempenho intermediário não estava em seus planos.

> *Quando chegamos à adolescência, vivenciamos alguns conflitos característicos dessa fase de transição. Às vezes, pensamos e agimos com imaturidade e, em outras, queremos ter a liberdade de tomar nossas próprias decisões. É necessário orientar o jovem, pois a pressão*

> *exercida pela sociedade sobre ele, somada à puberdade, torna essa fase muito difícil.*

Se por um lado essa autocobrança de Gabriel era positiva, levando-o sempre a alcançar os melhores resultados, por outro o atrapalhava. Ele começou a hesitar em relação ao Instituto, e ainda faltavam alguns dias para a entrevista.

"Será que esse Instituto é mesmo tudo isso o que parece? Será que não estou criando expectativas demais em relação a essa vaga?", ponderava um Gabriel indeciso em relação ao futuro. Esse quadro piorava sempre que pensava nas tarefas, mas ele não podia falhar com seu pai: filho único, o jovem sabia que a vida do pai não era nada fácil e, portanto, fazia tudo o que podia para ajudá-lo.

> *Para lidar com o jovem, é necessário estabelecer um vínculo com ele, saber quem ele é. É necessário conversar com ele, entendê-lo, pois isso facilita sua interação com a sociedade e o ajuda a regular suas reações aos desafios da vida. É essencial desenvolver essa relação de confiança, abraçá-lo para que se sinta seguro e, assim, dê o melhor de si.*
>
> *O Instituto Ser + oferece ao jovem a possibilidade de sonhar, de ser quem ele é e conquistar grandes realizações. A ideia do Instituto Ser + é somar, não concorrer.*

A Excelente Notícia

No entanto, era hora de provar algo a si mesmo. Com coragem e determinação, o dia da entrevista foi se aproximando e Gabriel, ganhando confiança em si mesmo. Era uma grande oportunidade e ele sabia que não poderia deixar passar.

À medida que as dúvidas se dissipavam, o dia da entrevista ficava cada vez mais próximo. Com a ansiedade aumentando, Gabriel sabia que seu pai ficaria desapontado se ele desistisse.

Então o dia da entrevista chegou. No Instituto, o menino foi recebido de braços abertos pela assistente social, que conduziu a entrevista de maneira formal, porém descontraída, quase em tom de conversa.

> *O objetivo da entrevista é entender o jovem, saber quem ele é, de onde veio e que desafios traz na bagagem. É necessário transmitir segurança e empatia, tanto para o jovem quanto para a família, em vez de proporcionar uma experiência de análise e reprovação. Longe dos modelos comuns de entrevistas utilizados no mercado de trabalho, o objetivo da entrevista social não é desclassificar, mas acolher.*
>
> *A entrevista é uma ferramenta que possibilita a aproximação de uma realidade distante para o Instituto e para o jovem. Essa aproximação é fundamental tanto para gerar empatia quanto para a obtenção de conhecimentos de ordem prática, como a localidade em que reside o jovem, seus horários e sua disponibilidade para participar dos projetos, ampliando as possibilidades de ajudar.*

Gabriel saiu da entrevista ainda mais confiante do que estivera nos dias anteriores. A maneira como a entrevista havia sido conduzida, no lugar de intimidar, ajudou-o a permanecer tranquilo e focar o que realmente importava: conquistar a vaga no Instituto Ser +.

O menino voltou para casa naquele dia se sentindo muito bem e orgulhoso de si mesmo. Mais orgulhoso ainda ficou seu pai quando soube que ele havia ido bem na entrevista. Agora era esperar pelo resultado. Será que ele conseguiria?

> À educação, cabe fornecer, de algum modo, os mapas de um mundo complexo e constantemente agitado e, ao mesmo tempo, a bússola que permite navegar através dele."
>
> **– Jaques Delors, presidente da Comissão Europeia entre 1985 e 1995**

Gabriel estava preparando o almoço quando o telefone tocou. Era a assistente social do Ser + anunciando que ele havia conquistado a vaga. Atônito com a notícia, sentiu vontade de correr pela rua gritando que havia conseguido, mas se conteve em agradecer da maneira mais educada possível.

Seu pai, como era de praxe, ficou muito contente com a notícia e o apoiou de todas as maneiras que foram possíveis. Uma porta se abria na vida do filho e ele faria de tudo para que ela não se fechasse, pois conhecia bem o potencial que a vida tem para ser difícil.

Porém, não era hora de pensar nas dificuldades, mas em resolver o que era preciso para que Gabriel pudesse se concentrar no curso e dar o melhor de si. O jovem ainda tinha o forte receio de que não daria conta de conciliar as tarefas de casa com as da escola e as do curso. "Calma, rapaz. Um passo de cada vez", disse seu pai. "A gente vai se ajeitando, fica tranquilo."

Dentro de algumas semanas, Gabriel começaria no Projeto Educonexão, no horário da manhã. Essas semanas o proporcionaram o tempo que era preciso para se reorganizar; assim, poderia começar a nova jornada com a mente mais leve.

> *Para que o jovem possa se desenvolver profissionalmente são necessários dois fatores: a força de vontade e a oportunidade. Sem um deles, não há possibilidades de crescimento. O grande desafio que enfrenta a sociedade brasileira é: como podemos fornecer oportunidades para os jovens se a maioria delas exige preparo? E como podemos oferecer esse preparo se ele demanda que haja oportunidade? É em função de mudar esse cenário que o Instituto Ser + entra em cena, capacitando milhares de jovens para o mercado de trabalho.*

Gabriel É Recebido de Braços Abertos

Assim como Gabriel foi muitíssimo bem recebido no dia em que conheceu o Instituto e na entrevista, ao ingressar no curso não foi diferente. Os professores e colaboradores do Instituto Ser + receberam a nova turma que se iniciava como uma família, costume de praxe da equipe.

Logo Gabriel estava se enturmando com os novos colegas e até mesmo fazendo amizade com os professores. Era o começo de uma nova aventura em sua vida, uma que o levaria bem longe.

De início, o jovem sentiu certa dificuldade em conciliar as tarefas de que precisava dar conta, mas não demorou muito para que se acostumasse com a nova rotina. Aos poucos, ele se adaptou aos novos horários e desafios. Afinal, sentia que todo seu esforço estava sendo recompensado.

Com o passar dos dias, o menino se empolgava cada vez mais com o fato de ser um aluno do Instituto Ser +. Pouco a pouco, ganhava confiança em si mesmo e no futuro que estava por vir, pois agora tinha um horizonte que lhe parecia maravilhoso. A perspectiva de uma vida melhor o motivava cada vez mais a querer ser o seu melhor.

As atividades do Instituto o deixavam cada vez mais empolgado. Gabriel acordava todos os dias animado para assistir às aulas, que eram bem mais empolgantes e dinâmicas do que as da escola. As atividades em grupo o ajudaram muito a desenvolver autoconhecimento e a se cobrar menos, pois o menino começou a perceber que poderia aprender muito com seus erros.

> *Enquanto a relação entre o aluno e a escola é, com frequência, pobre e imprecisa, no Instituto Ser + buscamos sempre o diálogo sincero e aprofundado. É necessário entender os conflitos e adversidades que o aluno enfrenta antes de exigir resultados. Existe uma necessidade urgente de qualificar a comunicação entre as escolas e os alunos, visando aprimorar essa relação.*

O jovem estava cada vez mais animado com seu futuro. E seu pai não poderia estar mais feliz. Se ambos conheciam as dificuldades em conciliar o trabalho, os estudos e as tarefas de casa, sabiam também da importância que havia em conseguir dar conta disso tudo, pois todo o esforço seria recompensado. E, para Gabriel, esse esforço seria recompensado muito em breve.

As Dúvidas Se Instauram no Coração do Jovem Gabriel

Gabriel logo percebeu que, apesar da grande oportunidade que estava vivenciando, precisaria se esforçar ainda mais para manter o ritmo. O cansaço começava a cobrar o cotidiano agitado e cheio de afazeres que ele precisava encarar.

Além dos desafios cotidianos, havia também a cobrança da sociedade. O jovem começara a se questionar sobre quem era e quem queria se tornar. No primeiro dia no Instituto, foi solicitado a cada aluno da turma que fizesse um desenho que o representasse. Ele lembra-se de ter desenhado uma nota musical, mas não sabia se queria ser músico. Considerava ser psicólogo, mas será que tinha jeito para tal?

> No Instituto Ser +, reforçamos o fortalecimento da identidade. É por meio do autoconhecimento que o jovem encontrará seu futuro. É de suma importância que ele tenha a oportunidade de questionar quem é e que papel deseja exercer na sociedade.

À medida que as dúvidas começaram a surgir, o jovem sentia-se, aos poucos, desmotivado. Sentia-se cansado e, com sua motivação minada, começou a ver todo o esforço que estava fazendo como um desperdício, pois pairava em sua mente a sensação de incerteza e insegurança.

Com tantas perguntas e poucas respostas, Gabriel começou a pensar que todo aquele esforço seria em vão se não soubesse para onde estava indo, o que o causou uma boa dose de ansiedade.

Porém, aos poucos, nosso herói foi tendo um encontro consigo mesmo. Agora, além de seu pai, ele tinha também os professores e amigos do Instituto para o motivar, o que fez muita diferença em sua vida. Dia após dia, ele se sentia cada vez melhor por ter pessoas ao seu lado com quem poderia contar.

Com esse apoio, Gabriel podia não saber exatamente para onde estava indo, mas sabia que com certeza tratava-se de um lugar muito bom. Esse suporte foi determinante para que o jovem descobrisse e desenvolvesse seus talentos e suas habilidades.

> *É necessário exercitar um olhar humanizado sobre os jovens. O Instituto Ser + olha para eles considerando a bagagem que trazem, seus desafios e o que esperam para o futuro. Sem orientação e sem essa perspectiva, aumentam muito as chances de que o jovem se perca e se desvirtue do caminho que leva a um futuro melhor. Sonhar não basta. É imprescindível que o jovem receba orientação sobre as ações necessárias para alcançar seus sonhos.*

Assim, as dúvidas e incertezas de Gabriel foram assumindo um papel instigante em sua jornada. Cada dia era uma nova aventura, uma nova descoberta a respeito de si mesmo, do mundo e das possibilidades que se abriam para ele. Em vez de causar desmotivação, o futuro desconhecido passou a despertar o interesse e a curiosidade do jovem, motivando-o cada dia mais.

O Diploma e a Saudade

Com a formatura se aproximando, tantas coisas ocupavam a mente de Gabriel que ele tinha dúvidas sobre como se sentir. Uma mistura de alegria e contentamento com ansiedade e preocupação tomavam conta de seus pensamentos. Afinal, ele não sabia como seria seu futuro longe do Instituto.

Os últimos meses haviam sido tão positivos na vida de Gabriel que ele começava a ter medo de como seria sua vida sem o apoio do Ser +. É claro que seu pai continuaria ao seu lado, como sempre esteve, mas a partir dali ele precisaria enfrentar seus desafios sozinho, para ser o protagonista da própria história. Eram seus sonhos que estavam em jogo e o menino não sabia nem por onde começar.

A saudade dos colegas e professores era tão grande que o jovem mal conseguia conter a emoção. Sua vida mudara tanto, e foram tantas aventuras nos últimos meses, que ele simplesmente queria que essa fase não terminasse.

Enfim, passadas algumas semanas, era hora de receber o diploma e dizer adeus àquela que, até então, havia sido a melhor etapa de sua vida. Apesar da saudade, o Instituto havia proporcionado os conhecimentos e o preparo de que o jovem precisava para encarar a vida de maneira otimista e confiante.

Então chegou o grande dia: Gabriel havia concluído o Projeto Educonexão do Instituto Ser +. Foram muitos abraços e despedidas naquele dia cheio de alegria, mas que deixaria muitas saudades.

> Muitos dos jovens que tiveram a oportunidade de ser alunos do Ser + retornam ao Instituto com o intuito de prestar trabalhos voluntários. A relação que o Ser + desenvolve com os jovens e as mudanças que proporciona em suas vidas os marcam significativamente, gerando resultados duradouros.

Gabriel Hoje

Hoje com 17 anos, Gabriel é estudante de psicologia em uma universidade parceira do Ser + e trabalha como jovem aprendiz, também em uma empresa parceira do Instituto. Os desafios que Gabriel precisou enfrentar nos últimos meses proporcionaram os resultados que ele e o pai tanto sonharam para sua vida.

"O que mais gostei de ter sido aluno do Instituto Ser + foi a minha evolução pessoal. Eu achava que minha opinião não tinha valor, que eu não tinha nada para agregar aos outros. As atividades do Instituto me fizeram perceber que eu podia ser mais do que isso. Foi no Ser + que aprendi a respeitar a opinião do próximo e também a opinar com minhas próprias ideias", declara o menino com um sorriso que vai de orelha a orelha.

E continua: "Eu esperava as coisas acontecerem, porque não sabia quem eu era ou por onde caminhar. Hoje eu sei quem sou, o que quero e, por isso, corro atrás dos meus sonhos. O Instituto Ser + foi a melhor coisa que me aconteceu."

Ciente de que existem milhares de outros jovens em situações como a dele, Gabriel deixa a seguinte mensagem: "Vocês são capazes, não importa o que digam por aí. Se vocês se esforçarem, tudo dará certo. Com dedicação, vocês podem realizar qualquer sonho."

O Olhar do Instituto Ser + sobre os Jovens

O Instituto Ser + atua como uma ponte entre o jovem em condição de vulnerabilidade social e o mercado de trabalho, promovendo o diálogo entre as empresas que precisam de colaboradores capacitados e os jovens que precisam de uma oportunidade de trabalho.

É extremamente importante que haja essa conexão para que o jovem tenha acesso a melhores oportunidades. O mercado de trabalho fica mais exigente a cada dia e, sem capacitação, a juventude se torna vulnerável.

O primeiro emprego é uma das principais portas de entrada do jovem para um futuro melhor, pois agrega conhecimentos, experiências e influencia diretamente a autoestima, motivando o jovem a sempre ir além.

> "Quando a educação não é libertadora, o sonho do oprimido é ser o opressor."
>
> – Paulo Freire

COMPARTILHE ESTA IDEIA!

"Ser você mesmo em um mundo que está constantemente tentando fazer de você outra coisa é a maior realização."

— **Ralph Emerson**
escritor e filósofo norte-americano

CAPÍTULO 5

A Tecnologia Social do Ser +: Os 4 Pilares da Educação

> "Não seja figurante! Essa foi uma frase que escutei muito durante minha passagem pelo Ser + e que vou levar para minha vida inteira. Um dos papéis do Instituto é colocar o jovem na posição de protagonista. Percebi que não podia ficar parada esperando oportunidades baterem na minha porta. Fui em busca dos meus objetivos e do meu processo de evolução como pessoa, no qual tive um apoio muito grande dos educadores, que sempre colocavam nosso bem-estar em primeiro lugar."
>
> **Tainá Pena – jovem participante dos Programas do Ser +**

Aprendendo a Remar pelas Águas da Vida

É possível mudar o mundo? Não sabemos ao certo. Porém, sabemos, com certeza, que é possível mudar nossas atitudes e, assim, aumentar a influência que exercemos no mundo.

Sem ação, nada é possível. Se temos muitas ideias e nenhuma delas é colocada em prática, ficamos estagnados e a realidade permanece inalterada. A insatisfação e a inconformidade são propulsoras da ação, da vontade de que a vida seja diferente. Se continuamos os mesmos, não podemos esperar uma realidade diferente.

A vida é como um rio que corre sem parar. Independentemente do tamanho ou das condições do barco em que estamos, se soubermos remar, tudo ficará mais fácil. Mas a determinação, a escolha de aprender a remar melhor, é nossa, não do barco, tampouco do rio.

Essa metáfora do rio expressa bem o que esperamos dos jovens e o que procuramos agregar para eles. Sem saber remar, de nada adianta um grande barco. Sem saber remar, qualquer correnteza acaba parecendo uma enorme tempestade. Sem conhecimento, tudo o que se impõe sobre nós parece maior, e nossos desafios, muito mais difíceis.

> *Queremos que os jovens aprendam a remar para que eles mesmos conduzam seus barcos pelos rios da vida. Não podemos mudar o sentido da correnteza nem oferecer barcos maiores. Nosso objetivo é viabilizar o conhecimento necessário para navegar. É levar para os jovens as ferramentas de que precisam para desenvolver a força e a precisão que as águas do futuro exigem.*

Sem conhecimento, uma ferramenta não passa de um objeto ou conceito sem utilidade. Sem determinação, não há oportunidade que seja boa o suficiente. Sem sonhos, qualquer adversidade se torna um verdadeiro pesadelo. O caminho para a realização começa em nós mesmos.

É dessa forma que encaramos a realidade e é dessa forma que buscamos os meios para promover mudanças. Garra, coragem, disciplina, força de vontade e, acima de tudo, acreditar que é possível. Nada mudará se não trabalharmos para mudar.

Sobre o alicerce desses valores o Instituto Ser + foi fundado. E, com o objetivo de realizar esse sonho, continuamos.

A Educação É a Chave

A questão que fica para nós agora é: como ensinar o jovem a remar? Como podemos levar para ele o conhecimento necessário para fazer as curvas no momento certo e seguir em frente quando preciso?

Tudo começa na educação. E, por educação, entendemos não apenas o processo de formação intelectual e profissional, mas também a formação do indivíduo como cidadão. A consciência é a base para uma vida de propósito, de realização não apenas profissional, mas também pessoal.

A própria consciência é um processo. Ninguém nasce consciente, e, se não existem meios ou fatores que influenciam o exercício da reflexão, dificilmente o desenvolvimento da consciência acontece. É importante, antes de mais nada, ajudar os jovens a evoluir como seres humanos. Levar para eles o senso de reflexão que é tão necessário ao desenvolvimento.

Por meio da reflexão, o jovem desenvolve o senso crítico e encontra respostas diferentes para as mesmas perguntas. "O que quero da minha vida?", "O que espero para o futuro?", "Quem sou eu e o que quero fazer?" são algumas perguntas comuns na juventude, porém, entendemos que as respostas são diferentes para cada jovem. Não é nosso objetivo impor nenhuma verdade, apenas fornecer alternativas para que cada um encontre as suas.

Como afirma o grande educador e filósofo brasileiro Paulo Freire: "Ninguém liberta ninguém, ninguém se liberta sozinho, os homens se libertam em comunhão." É essa comunhão que buscamos e, para que ela aconteça, o relacionamento com o jovem precisa ser apurado. É necessário que haja diálogo com os jovens para que eles se sintam seguros e abram as portas de suas vidas às oportunidades.

Caso contrário, tudo permanece o mesmo. E continuamos, ano após ano, vendo milhares de barcos naufragarem devido à forte correnteza das águas da vida e à inexperiência daqueles que estão remando.

Queremos mudar essa realidade. E acreditamos que é possível.

O Papel do Protagonismo Juvenil para o Amanhã

O conceito de protagonismo juvenil, desenvolvido por Antônio Carlos Gomes da Costa, é um dos fundamentos de nosso trabalho. Adotamos a missão de colocar o jovem como protagonista da própria história mediante a criação de oportunidades que possibilitem a experiência com atividades práticas, que fomentem a reflexão, a atitude independente e o senso de responsabilidade.

Como afirma a diretora de Educação & Diversidade do Instituto Ser +, Ednalva Moura: "Mediante os pilares da educação e da metodologia do Ser +, o jovem adquire as habilidades necessárias para escrever a própria história em vez de deixar que outros o façam. O planejamento de vida e carreira desperta os sonhos do jovem e, por meio das oportunidades, ele passa a buscá-los. O primeiro degrau é o primeiro emprego, geralmente como jovem aprendiz, que proporciona experiência prática e desenvolve a independência."

Dessa forma, o jovem se desenvolve como profissional e como ser humano. No mundo contemporâneo, as esferas pessoal e profissional estão cada vez mais interconectadas, de maneira que hoje já é raro conseguir separar uma da outra.

Isso porque o próprio conceito de trabalho mudou drasticamente durante os últimos anos. Se antes o trabalho era algo formal, restrito, burocrático e completamente dissociado de um propósito de vida, hoje, mais do que nunca, o trabalho é abordado de maneira informal, ampla e inovadora, além de estar fortemente associado ao conceito de propósito de vida. O trabalho não é mais apenas um meio para a sobrevivência, mas um motivo pelo qual viver.

> Fracassar só é grave quando não se consegue identificar as causas do insucesso. Avaliar e apreciar as razões de nossa incapacidade momentânea é uma vitória. Organizar-se tecnicamente para reduzir progressiva e metodicamente a imperfeição é a melhor e mais incontestável das funções pedagógicas."
>
> **— Célestin Freinet, pedagogo francês**

Assim, é necessário que o jovem esteja preparado para enfrentar os desafios que o mundo contemporâneo propõe. Sem esse preparo, o jovem tende à desmotivação, à falta de perspectiva e à estagnação. Absolutamente ninguém se beneficia dessa relação perde-perde. O primeiro prejudicado é o jovem, que, sem esperança, joga toda sua essência fora. O segundo prejudicado é a sociedade, que não colhe benefício algum desse desperdício.

A falta de perspectiva entre os jovens tem crescido muito nos últimos anos. Um dos principais fatores é justamente a falta de oportunidade e de alternativas. Nossos jovens enxergam uma realidade em que o futuro é completamente incerto. E, de fato, ele é, mas isso não é motivo para desespero. Hoje, é mais importante que o jovem desenvolva o autoconhecimento do que conheça seu futuro com precisão, visto que os elementos que antes nos traziam a sensação de segurança são cada vez menos frequentes.

Temos, então, um cenário alarmante. Milhares de jovens enfrentando problemas causados por essa falta de perspectiva, desperdiçando seus talentos e potenciais. Como podemos fazer a diferença?

Se, por um lado, a tecnologia fechou inúmeras portas, por outro, também gerou incontáveis oportunidades. A facilidade de acesso ao conhecimento que temos hoje é simplesmente impressionante. Basta esticar o braço e toda a informação de que precisamos está na ponta dos dedos. Ao passo que as inovações tecnológicas obsoletam profissões, também criam novas, que precisam muito do talento e da aptidão dos jovens.

> *É necessário desenvolver as habilidades cognitivas para que o jovem consiga lidar com as mudanças do mundo contemporâneo, mas não se pode deixar de lado o desenvolvimento das habilidades pessoais, como a autoconsciência e a espiritualidade, fundamentais para o bem-estar dos jovens. Em um mundo cada vez mais complexo, é imprescindível, hoje mais do que nunca, que o jovem se desenvolva como ser humano, e não apenas como profissional.*

O mundo mudou, a vida mudou. E precisamos aprender a nos adaptar, gostando ou não. O que propomos é uma leitura mais otimista da realidade. É enxergar a vida com uma visão de mais possíveis e menos improváveis. O mundo não está melhor ou pior, apenas diferente. Nossa forma de enxergar e agir em função de torná-lo um lugar melhor é que vai determinar o amanhã.

O Jovem como Empreendedor

Convergente com esses conceitos, Fernando Dolabela destaca o potencial empreendedor, presente em todos os seres humanos, e aponta a emoção como disparadora desse potencial. Para ele, sem emoção não há maneira de desenvolver o protagonismo, a criatividade e a perseverança, os três elementos cruciais ao empreendedorismo.

"A razão vem em seguida, para estruturar o caminho apontado pela emoção. Por esse motivo, meus livros didáticos são histórias, romances: é a melhor forma de descrever o estilo de vida empreendedor. Preparo professores para iniciar sua relação com os alunos por meio de duas perguntas. A primeira é: qual o seu sonho? E a segunda: o que você fará para torná-lo realidade?", diz Fernando Dolabela (*A Vez do Sonho*, 2000).

As vivências, as convivências, as oportunidades de adquirir conhecimentos e a experimentação de situações reais de trabalho presentes no itinerário formativo dos programas e projetos do Instituto Ser + (como a integração do grupo de jovens, o intercâmbio de experiências com os profissionais voluntários de empresas parceiras, o acesso a bens culturais e a produção dos projetos de vida e carreira) são pontes para despertar o potencial e as competências empreendedoras dos jovens.

Dolabela destaca na obra supracitada a emoção e o sonho, mas aponta quatro elementos de suporte para o trabalho de empreender:

Conceito de si

Todo empreendedor necessita muito de autoconhecimento para ter consciência do que sabe e, principalmente, do que não sabe. Assim, consegue construir complementaridades e buscar colaboradores.

Conhecimento do setor visado

Esse é o elemento principal. Somente entendendo bem o ambiente de negócios ele poderá identificar oportunidades (clientes, concorrentes, ciclo de vida, legislação, tendências etc.), e sua ausência é causa constante de falências.

Rede de relações

É preciso aprender a construir uma rede de pessoas que ajude a conhecer o ambiente e a concretizar o sonho.

Capacidade de liderança

O desenvolvimento dessa habilidade é fundamental tanto para convencer um investidor a apostar no sonho como para transmiti-lo e seduzir pessoas a acompanhá-lo.

Diversos programas e projetos sociais voltados para o desenvolvimento do potencial dos jovens brasileiros têm o Paradigma do Desenvolvimento Humano como referência e buscam criar espaços e oportunidades para o fortalecimento das quatro competências destacadas no relatório elaborado por Jacques Delors, em 1996, para a UNESCO, intitulado *Educação: Um Tesouro a Descobrir*, que apresenta os desafios da educação no século XXI: aprender a ser (competência pessoal); aprender a conviver (competência relacional); aprender a conhecer (competência cognitiva); e aprender a fazer (competência produtiva).

Nos diversos programas e projetos de educação juvenil em curso no Brasil, os esforços para o desenvolvimento dessas competências estão presentes e são centrais. Partindo dos princípios expressos no Paradigma do Desenvolvimento Humano ou chegando a eles por caminhos próprios, educadores e jovens descobrem novos percursos formativos e criam novas metodologias para a formação integral, para o desenvolvimento pessoal e social. O programa de juventude do Instituto Ser + nutre-se dessas referências e caminha na trilha do desenvolvimento protagonista, sustentável e econômico da juventude em vulnerabilidade social. Seu desafio é gerar oportunidades educativas para que os jovens possam desenvolver seu potencial e se preparar para fazer escolhas fundamentadas diante da vida.

A crença no potencial dos jovens e o trabalho conjunto para a criação de oportunidades educativas marcam diferença no cenário educacional brasileiro, a partir, principalmente, da ação direta de organizações não governamentais comunitárias e empresariais. O programa de juventude do Instituto Ser + se posiciona nesse cenário e agrega contribuições para o equacionamento de desafios sociais relevantes. Para melhor compreender esse programa e suas contribuições metodológicas, é importante o estudo de variáveis presentes no cenário social brasileiro, com a identificação dos principais avanços e desafios nos trabalhos de educação de jovens.

Os Quatro Pilares da Educação

Aprender a conhecer é desenvolver o senso crítico. É observar o mundo e saber o que questionar. Pouco serve o conhecimento se não aprendemos como usá-lo para gerar melhorias para nós mesmos e para o próximo. O jovem, dentre outras competências, precisa desenvolver a lógica e a capacidade de compreender o mundo ao seu redor, de interagir com a realidade em que vive. E ele só consegue isso desenvolvendo antes o pensamento dedutivo e a intuição.

Aprender a fazer é aplicar o conhecimento na prática, resolver os problemas propostos pela vida. Quando o jovem adquire essa experiência com casos reais, ele ganha autoconfiança e se sente mais seguro para encarar os desafios. Essa autoconfiança é fundamental também para que ele tenha força de vontade.

Aprender a conviver é abraçar o coletivo em vez de priorizar o individual. É interpretar questões de forma ampla, visando sempre agregar para todos. É ter o cuidado de olhar para o próximo e entender que cada um de nós constitui uma parte essencial de algo muito maior, que somos todos nós.

Aprender a ser é o resultado dos outros três pilares. É o somatório, quem o jovem se torna depois de desenvolver as habilidades anteriores. Aprender a ser significa, na verdade, tornar-se alguém melhor. Não melhor do que os outros, mas melhor do que ele mesmo foi ontem.

> Uma educação de qualidade deve formar não apenas profissionais, mas indivíduos e cidadãos conscientes. Os quatro pilares fornecem as bases para estruturar o desenvolvimento humano, fundamental em um mundo cada vez mais dinâmico e em constante mutação.

Muitos jovens, principalmente os socialmente vulneráveis, vivem uma realidade de opressão, seja por sua configuração de vida ou pelas cobranças do mundo contemporâneo. Como sintetiza a *Pedagogia do Oprimido*, de Paulo Freire: "Quando a educação não é libertadora, o sonho do oprimido é ser o opressor." A educação deve ser uma ferramenta para libertar, nunca para restringir.

Buscar a liberdade não é um trabalho individual, mas coletivo. Deve ser objetivo de todos tanto buscar quanto viabilizar os meios libertadores, por meio da educação e do conhecimento.

Acreditamos que é possível. Construir uma realidade diferente só depende de nós. Com o empenho de toda a sociedade, conseguiremos mudar a realidade injusta em que vivemos.

Sem nossa juventude feliz e motivada, não existe futuro. E, assim, ficamos fadados a repetir os erros do passado, como em um ciclo vicioso.

Sonhar é possível, e queremos que você venha sonhar conosco.

Tainá e o Aprendizado dos Quatro Pilares da Educação

Tainá é uma jovem cheia de talentos que muito em breve descobrirá coisas a respeito dela mesma que jamais imaginou que conseguiria fazer. Contudo, por enquanto, a realidade é outra. A jovem vive um cotidiano de dificuldades, seja pelo bairro em que mora ou pela falta de comunicação na família.

Meses mais tarde, a menina cuja história foi relatada em um capítulo anterior nos contaria que enxergava o mundo como um lugar pequeno e fechado, e que, nessa época, achava ser a dona da razão. A menina mudou muito e desenvolveu bastante suas habilidades durante os últimos meses, mas, à época, ela não sabia o que estava prestes a acontecer.

"A vida é uma evolução constante. Não existe certo ou errado, existem realidades diferentes. Eu achava que mudar de opinião era para pessoas fracas, mas hoje entendo que, para mudar de opinião, é necessário ser forte." As palavras de Tainá resumem bem a essência do primeiro pilar da educação: aprender a conhecer. Antes, a menina enxergava a vida de maneira dualista e acreditava ter sido injustiçada. O contato com o Ser + abriu sua mente para uma perspectiva bem mais ampla, em que ela passou a enxergar as diferenças como simples diferenças.

A força a qual se refere, que ela aponta como necessária para mudar de opinião, remete à capacidade de se adaptar. Mudar de opinião significa mudar parte de nós mesmos, abrir mão de crenças passadas para que novos conhecimentos sejam adquiridos e internalizados. Esse é o caminho do aprendizado.

> O contato e as experiências vividas com o Instituto Ser + abriram caminhos para que Tainá pudesse explorar alternativas. A formação com os educadores lhe deu ferramentas para aprender a conhecer. Daí em diante, ela passou a entender a vida não mais como uma ironia do destino, mas como uma sequência de desafios a serem superados.

Quando ingressou no Instituto Ser +, Tainá passou a ter aulas de cidadania e de reforços escolares. Absorver conteúdo não basta, é importante que o jovem aprenda a pensar por si mesmo. O mundo cada vez mais dinâmico em que vivemos exige tomada de decisão, raciocínio rápido e resolução de problemas complexos. Mais tarde, a faculdade seria importante para auxiliar a jovem a consolidar tais habilidades.

E, assim, aos poucos, Tainá passou a enxergar cada vez mais longe. O conhecimento deu a ela alternativas, escolhas, o poder de decidir. O futuro à sua frente já não parecia amedrontador, mas uma história cujo próximo capítulo ela estava ansiosa para descobrir.

Autodesenvolvimento, a Melhor Versão de Nós Mesmos

A aquisição do conhecimento é essencial para que o jovem se desenvolva, mas também é muito importante que ele tenha experiências práticas ao longo de seu desenvolvimento. Quando o jovem vive essas experiências, ele adquire *know-how*, ganha autoconfiança e se sente mais produtivo e capaz. Este é o segundo pilar: aprender a fazer.

O jovem precisa dessa experiência prática, precisa colocar a mão na massa e entender como os conhecimentos que adquiriu o tornam capaz de fazer qualquer coisa. A sala de aula dá as ferramentas e os alunos precisam de oportunidades para usá-las. Ao aprender, eles adquirem a perspectiva. Ao fazer, percebem imediatamente que são capazes e que todo o conteúdo aprendido gera resultados positivos.

> É comum que dificuldades de aprendizado apareçam em algum momento da juventude. O conteúdo do ensino escolar não é fácil, as condições da maioria das escolas não ajudam e existem ainda as dificuldades específicas de cada um. Muitas vezes, conseguir aprender já é um desafio em si.

Quando colocamos na prática o que aprendemos, a coisa muda. Ao interagir com um problema real, a própria dificuldade da questão nos envolve em uma experiência de superação. Esforçamo-nos, damos o melhor de nós e, quando conseguimos, vem a sensação da vitória, do "eu posso".

Durante o primeiro curso no Instituto, Tainá e sua turma fizeram uma visita a uma empresa parceira do Ser +. Lá, conheceram um pouco sobre o funcionamento da empresa e a interação entre os setores, puderam conversar com alguns dos colaboradores, trocando experiências e ideias, e participaram de algumas atividades.

São vivências como essa que tiram o jovem do mundo do "quando" e o mergulham no mundo do "agora". São nesses momentos que ele vê e entende o funcionamento de esquemas complexos e interage com exemplos reais. Além de reforçar o conhecimento, essas experiências agregam o valor da prática, do saber fazer.

> O diálogo com as empresas é essencial para que o jovem tenha a oportunidade de conhecer o ambiente de trabalho, assim como ingressar nele por meio do Programa Jovem Aprendiz. As visitas dos jovens a empresas parceiras do Instituto Ser + motivam e engajam não apenas pela perspectiva do Jovem Aprendiz, mas pela perspectiva do planejamento de vida e carreira, visto que o jovem tem a oportunidade de conversar com colaboradores dos mais diversos nichos e de hierarquias diferentes.

As visitas a empresas motivam os jovens. "Eu gostaria bastante de trabalhar aqui", muitos pensam. Essa motivação fica bastante evidente quando eles voltam à sala de aula bem mais concentrados e engajados. O contato com o ambiente de trabalho os deixa mais próximos da realidade que querem conquistar. Por isso, orientamos nossos alunos quanto aos processos seletivos, sobre o que fazer e o que não fazer em uma entrevista de emprego. Esse preparo é fundamental para conquistar a vaga que desejam e ir cada vez mais longe.

Meses depois, a jovem Tainá nos conta da experiência de ter ficado sem gestor no trabalho. A menina era jovem aprendiz e o setor em que atuava ficou sem liderança. E agora? Sem precisar receber ordens, a jovem tomou a frente: sempre que podia, preenchia as lacunas deixadas pela falta do líder, ajudando os colegas e concluindo as tarefas inacabadas.

Nesse momento, o jovem toma gosto pelo trabalho. Ele descobre que pode fazer muito mais e isso o impulsiona a ser sempre a melhor versão de si.

Aprender a Conviver, União para Perseverar

Quando Tainá chegou ao Instituto, sua mentalidade era muito diferente. Ela não via o novo curso como uma oportunidade, mas como algo passageiro.

A jovem enxergava a vida com um tom de injustiça. Tinha a sensação de que toda porta que se abria fechava logo em seguida. Quando ela conheceu o Ser +, achava que era mais uma porta que se fecharia, deixando-a do lado de fora. Mas logo percebeu que tudo seria bem diferente dessa vez.

Histórias como a de Tainá são muito frequentes. Muitos jovens têm um histórico de contrariedades e resistem a enxergar a vida de um jeito diferente. Não é culpa deles. Às vezes, a vida tem um potencial para ser muito severa. Essa hostilidade tende a deixá-los na defensiva, usando o humor ou o silêncio para se proteger. Um jovem que se fecha para as pessoas é um jovem que se fecha para a vida, é um jovem que se fecha para seus sonhos.

> *A ideia não é que o jovem se transforme em alguém comunicativo e extrovertido, mas que ele desenvolva a comunicabilidade, a aptidão para se comunicar bem. A personalidade é algo muito íntimo e pessoal, que deve ser respeitado. Alguns são mais reservados, outros, mais sociáveis, depende de cada um. Contudo, é importante que todos se sintam capazes de dizer o que pensam, de falar e de ser ouvidos.*

A dificuldade de se comunicar empurra o jovem para a exclusão e o conformismo. É como viver sozinho em um país cuja língua sabemos pouco ou quase nada. O medo se instaura e a insegurança nos faz preferir ficar em casa a sair na rua e encarar pessoas estranhas que não entendem o que dizemos.

Primeiro, o jovem precisa romper o ciclo do silêncio. Em seguida, mediante algumas interações positivas, vai abandonando o pensamento de que o mundo está contra ele. Aos poucos, ele percebe que talvez não seja uma pessoa fechada, mas que tenha se fechado para se sentir seguro. E logo vê, também, que pode fazer o caminho de volta.

Foi assim que Tainá percebeu que havia se fechado para o mundo e resolveu que queria mudar. "Eu mudei muito e minha autoestima cresceu também", conta-nos sobre a superação dessa fase. A menina que ingressou no Ser + fechada e introvertida acabou descobrindo um dom para liderança que, mais tarde, a levou a cursar a faculdade de relações internacionais.

Aprender a conviver é essencial não apenas como habilidade profissional, mas também para uma melhor qualidade de vida. Qualquer diferença pode ser superada com uma boa comunicação. Assim como Tainá, milhares de jovens se fecham às possibilidades. Para eles, nossas portas, que levam ao caminho da união, estarão sempre abertas.

Aprendendo a Ser Mais

O último pilar, aprender a ser, está fortemente relacionado aos outros três. Aprender a ser, na verdade, é aprender a tornar-se alguém melhor. Não melhor do que o outro, mas do que nós mesmos. É nos superarmos, crescermos, evoluirmos.

Não existe caminho para essa etapa que não passe pelas etapas anteriores. Aprendemos a conhecer para saber o que fazer. Aprendemos a fazer para somar para a sociedade. Aprendemos a conviver para sermos, antes de tudo, mais humanos.

"Eu achava que nunca conseguiria algo melhor", conta Tainá. Esse é um pensamento comum entre muitos jovens. A falta de perspectiva é um dos principais fatores da desmotivação, o que leva esses jovens a jogar seus sonhos fora por não acreditarem que é possível conquistá-los.

Sem sonhos, não existe juventude. Sem juventude, não existe futuro. O caminho da juventude moderna passa necessariamente pela adaptação ao mundo contemporâneo, cheio de desafios, e também cheio de oportunidades. Para aproveitar essas oportunidades, o jovem precisa estar pronto. Conquistar os sonhos é uma questão de preparo, de ser alguém que abraça os caminhos possíveis.

> Os contratempos, maiores ou menores, fazem parte da jornada de cada um. Ninguém está isento deles. A diferença está em como os encaramos, em como decidimos superar os obstáculos. Superar depende apenas de nós. Quando o jovem olha à sua frente e enxerga exatamente o que deseja conquistar, a força para a superação vem com naturalidade.

No desenrolar da interação com o Instituto Ser +, Tainá entendeu que conquistar seus objetivos era uma questão dela, não do destino ou da vida. Com o conhecimento, as práticas e o convívio diário, ela se tornou uma pessoa mais dinâmica e proativa.

A partir daí, a vida de Tainá mudou. Ou melhor, ela mesma mudou sua vida. Hoje, ela olha para o planejamento de carreira que fez quando estava no Instituto Ser + e percebe o quanto evoluiu. E o quanto está mais perto de realizar seus sonhos.

Na vida, todos precisamos de um propósito. A juventude é uma fase em que a empolgação e a força de vontade são abundantes, uma fase em que tudo é possível. Abraçar o futuro é uma questão de acreditar.

Aprender a ser é aprender a se tornar. É reunir nossas melhores qualidades para nos tornarmos pessoas capazes de aproveitar as oportunidades que a vida oferece. É caminharmos em direção a nossos objetivos com coragem e determinação. É sermos a melhor versão de nós mesmos.

Não É o que Somos, mas o que Nos Tornamos

Os quatro pilares da educação são a base para uma formação completa e de qualidade. Essas quatro competências, quando unidas, potencializam o melhor que cada jovem pode ser.

São essas características que procuramos agregar. Não se trata apenas do que o jovem pode aprender, mas do que ele pode ser. Quando ele se torna aquilo que busca, as possibilidades são simplesmente infinitas. Ao perceber essa mudança e ter a sensação de que pode conquistar qualquer coisa, não há limites para o potencial de cada jovem.

> *No Instituto Ser +, desde a primeira aula, nossos alunos são incentivados a despertar para quem eles querem ser. Nós apontamos os caminhos, damos as ferramentas, mas quem caminha são eles. Chegar aonde eles querem é missão de cada um. Nossa missão é mostrar as possibilidades. É caminhar ao lado deles nessa primeira etapa para que eles saibam que não estão sozinhos.*

Ednalva Moura, diretora de Educação & Diversidade do Instituto Ser +, deixa a seguinte mensagem para os jovens: "Não se conformem. Se vocês ainda não encontraram uma oportunidade, saibam que é só questão de tempo. Sejam nota 11. Estudem inglês. Façam *networking* sempre que possível. Sejam humildes. É difícil e trabalhoso, mas, aos poucos, prosseguimos. Quando cada um de vocês consegue, leva três ou quatro consigo, porque inspira os demais. Lutem de maneira digna e honesta, pois a vitória está próxima."

COMPARTILHE ESTA IDEIA!

"Não importa quantos passos você caminhou para trás. O importante é quantos passos caminhará para frente."

— **Provérbio chinês**

CAPÍTULO 6
O Passo a Passo do Programa

Quem, Quando e Onde?

O primeiro fator que consideramos quando pensamos em agregar valor para a sociedade é o desenvolvimento dos jovens. É através deles e de seus talentos que podemos transformar a realidade em que vivemos. O jovem tem a garra, a força e a coragem necessárias à inovação e à mudança.

Os jovens acabam estando mais aptos a esse propósito de mudar a realidade em função dessas características, que são inerentes à fase da vida em que se encontram.

Acreditamos que cabe a nós oferecer a eles as ferramentas necessárias para seu desenvolvimento. O jovem é o motor da transformação, mas, para que ele funcione no máximo desempenho, é necessário que haja o combustível da motivação.

Todos os anos, perdemos milhares de jovens para o crime e a violência, principalmente os mais vulneráveis. De acordo com dados do Fórum Brasileiro de Segurança Pública, entre 1996 e 2014, o número de jovens entre 12 e 17 anos que foram apreendidos no Brasil pela prática de crimes aumentou seis vezes. Buscando apoiar a transformação desse cenário através da educação, o Instituto Ser + foi fundado em 2014 e, desde então, não parou mais.

Se o combustível da juventude é a motivação, nosso combustível é proporcionar à juventude os meios para que ela adquira esse atributo tão importante à ação. Um jovem que não acredita no futuro, que não acredita em quem ele é e que pode chegar aonde deseja é um jovem sem motivação.

Os jovens socialmente vulneráveis são nosso principal público, pois são eles os mais afetados pelas adversidades. São os socialmente excluídos, os que foram discriminados por seus perfis de gênero, identidade de gênero, cor ou condição social. São os que tiveram seus direitos violados em decorrência do seu nível de renda, grau de escolaridade ou da região em que moram.

Quanto à região, procuramos nos voltar às periferias, pois é nelas que a maior parte desses jovens em situação de vulnerabilidade reside. Olhar para ele, dar-lhe voz, é essencial. Ouvi-lo e entendê-lo é parte fundamental do processo de inclusão e incluir esse jovem na sociedade, por sua vez, é fundamental para mudar a realidade de ampla desigualdade que vivemos.

E como ajudar esse jovem? Como instruí-lo para que ele não dependa de outros e supere as condições impostas pela vida?

A resposta é simples: oportunidade. Se não há alternativa, não há escolha. Se não há escolha, não há mudança e, assim, continuamos precisando enfrentar os mesmos problemas, como altos índices de violência e criminalidade.

Segundo a Organização Mundial da Saúde (OMS), o suicídio é a segunda principal causa da morte entre os jovens. Os motivos, por sua vez, permeiam a falta de expectativa. O futuro que desejamos e que queremos construir para nossos jovens é bem diferente: um futuro de esperança, de conquistas e realizações. Os jovens são a base da nossa sociedade. Sem eles, simplesmente não há futuro algum.

Conquistando uma realidade mais inclusiva através dos sonhos

Então nos deparamos com essa realidade de adversidades, exclusão e preconceitos, o que fazer a seguir?

É preciso que haja uma comunicação eficaz com o jovem. Sem essa comunicação, sem esse diálogo, o jovem tende a dar vazão às adversidades, a acreditar pouco em si mesmo e a ter pouca esperança no futuro. Quando esse cenário se concretiza, o que encontramos são jovens menos saudáveis, menos felizes e, consequentemente, menos produtivos.

O fundamento mais importante é levar para o jovem a perspectiva de que ele pode sonhar e oferecer a ele os meios para realizar seu sonho. Se o jovem não acredita que pode correr atrás daquilo que deseja ele simplesmente não corre: ele caminha, rasteja ou mesmo desiste de seguir em frente.

> Ver a juventude realizada é maravilhoso. Poder oferecer aos jovens os meios para alcançar seus objetivos, como o primeiro emprego, é um presente, uma oportunidade de mudar o mundo através do que há de mais puro na vida: os sonhos.

Para oferecer ao jovem esses meios para a realização de seu sonho é necessário entender a realidade em que ele vive, os desafios que enfrenta, seus dilemas, medos e incertezas. Se não existe essa comunicação, o jovem simplesmente não compreende aquilo que está sendo oferecido como uma ferramenta, mas como um pretexto para simplesmente cobrar algo dele.

Através desse diálogo é que conseguimos ter acesso ao jovem, a quem ele é a que problemas precisa enfrentar diariamente. Assim, conseguimos oferecer alternativas, escolhas que fará de maneira independente e cujos frutos serão colhidos não apenas por ele, mas por todos.

Nossa diretora de educação e diversidade, Ednalva Moura, que trabalha conosco desde a fundação do Instituto, afirma o seguinte: "É necessário estabelecer um vínculo com o jovem, que muitas vezes ele não tem com ninguém. É necessário conversar com ele, entender o que ele pensa, pois isso facilita sua interação com a sociedade, além de regular suas reações aos desafios da vida. É essencial que se desenvolva uma relação de confiança com o jovem, pois muitos deles vêm de um histórico de problemas familiares e violência e, por isso, têm medo de se aproximar."

E continua em relação à importância da expectativa: "Precisamos levar para o jovem a perspectiva de que é possível sonhar, de que é possível conquistar grandes realizações sendo quem ele é, onde quer que esteja. A ideia do Instituto Ser + é somar, nunca concorrer."

Essa é a forma como concebemos a comunicação com o jovem. Olhamos para ele não apenas como alguém que vai ingressar no mercado de trabalho, mas como alguém que tem sonhos, sejam eles quais forem.

Os passos de uma grande trajetória

Essa relação é construída aos poucos, são pequenos passos de uma grande trajetória. Sendo assim, as iniciativas de formação promovidas pelo Ser + contemplam, em média, 300 horas de formação. Acreditamos que para promover real transformação na vida dos jovens, é necessário o convívio e a troca de experiências cotidianamente. A seguir, compartilhamos os detalhes que estruturam os projetos que utilizam a metodologia do Ser + e explicam um pouco desse acolhimento:

Primeiro Passo: Divulgação

O objetivo é tornar o programa conhecido e atraente para os potenciais interessados. A divulgação do programa é feita pelos seguintes caminhos:

- Site do Instituto Ser +: www.sermais.org.br;
- Redes sociais do Ser +, especialmente Facebook e Instagram;
- "Boca a boca", circulação de informações a partir de jovens que participam ou já participaram do programa;
- Flyers e Folderes, com circulação em estabelecimentos comerciais, escolas públicas e organizações parceiras.

- Jovens educandos e ex-educandos do Instituto Ser + normalmente fazem a divulgação do programa entre os seus colegas e familiares. A divulgação "boca a boca" dá bons resultados, uma vez que conta com a credibilidade daqueles que estão inseridos ou já passaram pela experiência de projetos do Instituto Ser +.

No caso de apresentação do programa em escolas ou organizações, são realizadas as seguintes ações:

- Apresentação do Instituto Ser +: sua localização, sua missão, seu foco de trabalho, seus objetivos e resultados;
- Descrição minuciosa dos programas: sua dinâmica de funcionamento, entrevista social, seleção e matrícula, benefícios oferecidos aos jovens participantes, compromissos que devem assumir e etapas da formação;

> Sempre incentivamos os jovens que estudam conosco a se comunicar. Aprimorar nossa relação com as pessoas próximas e também com aquelas com quem não temos tanta intimidade é essencial para o desenvolvimento das nossas habilidades e, além disso, para compartilhar o conhecimento.

E por falar em compartilhar conhecimento, outra excelente forma de o fazer é através das redes sociais. Os jovens da atualidade estão mais conectados do que nunca. Damos muita ênfase à divulgação de nossos projetos online, de maneira que as informações sobre o Instituto estejam tão acessíveis quanto for possível. Essa é uma das formas de comunicação mais eficazes entre os jovens.

Embora a maioria dos adolescentes tenha acesso à internet e às redes sociais, existe uma parcela de jovens que carece desses recursos. Eles precisam ser alcançados tanto quanto qualquer outro e, por isso, nossos folhetos, folders e banners são distribuídos, com frequência, nas áreas de maior vulnerabilidade. Para viabilizar essa estratégia, é fundamental a aproximação com líderes comunitários. Eles são os principais parceiros na distribuição das comunicações impressas e na divulgação boca a boca nas comunidades, visto que são figuras conhecidas e que geram credibilidade e segurança para os jovens e suas famílias.

Além disso, nossas parcerias com escolas e instituições ligadas ao ensino alcançam os jovens com ainda mais precisão, através de reuniões e encontros com os jovens e seus familiares, que visam proporcionar um contato mais direto com o Instituto e os projetos específicos para os quais há oportunidades naquele momento. Dessa forma, conseguimos obter maior engajamento imediato dos jovens para integrar as turmas.

Segundo Passo: Inscrições

- Preenchimento do formulário de inscrição: é realizado, majoritariamente, por meio do preenchimento eletrônico no site do Instituto Ser + (www.sermais. org.br). Além do envio eletrônico, também há possibilidade de preenchimento de formulário físico, na sede da organização. Tais formulários são arquivados para contato imediato, assim que iniciar a formação de novas turmas.

- Critérios para pré-seleção dos jovens: variam de acordo com o perfil de cada projeto. No entanto, de maneira geral, pode-se dizer que as iniciativas do Ser + envolvem o público jovem, na faixa de 15 a 29 anos.

- Estar regularmente matriculado em escola pública, cursando o Ensino Médio ou já o ter concluído. Se o jovem não está estudando no momento da inscrição, ele é orientado a voltar para a escola primeiro e posteriormente voltar a procurar o Instituto Ser +.

Acompanhar a etapa de inscrições é uma oportunidade para conhecer mais sobre o perfil dos jovens que procuram o projeto, aprender mais sobre os seus núcleos familiares e a comunidade em que vivem. Muitas vezes, esse período pode contribuir com elementos para aprimorar a jornada formativa do projeto, por meio do trabalho de pautas que tangenciam especificamente as vivências da turma que será formada.

Trata-se do primeiro contato com o Instituto Ser +. Nesse momento, procuramos solucionar dúvidas e engajar os jovens a participar da iniciativa, além de acolher familiares e responsáveis, reafirmando o voto de confiança que depositam em nossa instituição.

Terceiro Passo: Pré-seleção

Avaliação dos formulários de inscrição: análise das informações disponibilizadas é feita pela equipe do Instituto Ser +, para priorização de seleção por grau de escolaridade, idade, passagem anterior por algum outro projeto social e disponibilidade do jovem para participar das atividades do programa. Após esse primeiro filtro, os jovens são convidados por telefone para as entrevistas com a equipe do Instituto Ser + e são entrevistados a respeito dos seguintes aspectos:

- Situação econômica (renda fixa familiar, bens que possui em casa);
- Contexto familiar (se vive com os pais ou padrastos, se saiu de casa, se é casado, se tem filhos);
- Situação de moradia (comunidade onde vive e tipo de moradia);
- Estado de saúde (se faz uso de medicamentos regulares ou controlados, se é pessoa portadora de necessidade especial);
- Trabalho e disponibilidade (se tem alguma ocupação informal e se tem disponibilidade de tempo para frequentar as aulas);
- Interesse em participar do programa (se está participando por vontade própria ou se está sendo pressionado pela família);
- Facilidade de trabalhar em grupo;
- Uso de álcool ou drogas ilícitas.

Nesse contato direto com a equipe do Ser + , é feita também uma avaliação do potencial pessoal de cada jovem (autoestima, desenvoltura, autoconfiança, capacidade de liderança, entre outros). Depois da entrevista com o jovem, a assistente social preenche e assina uma ficha de avaliação, com as informações coletadas, suas opiniões e avaliações sobre cada entrevistado.

Após as entrevistas um comitê avaliativo é formado. As fichas são avaliadas e cada caso é analisado separadamente. O estado emocional do jovem também é observado pelo comitê no momento da conversa. Cada profissional da equipe apresenta seu parecer sobre os jovens entrevistados. Esse parecer é discutido e pode mudar após a análise do comitê.

Por exemplo, se algum profissional fica tendencioso e se deixa levar pelo lado emocional, o comitê pode ajudar a desfazer essa postura com perguntas práticas sobre o entrevistado. Ao final da reunião, uma seleção é feita para cadastrar os jovens com perfis mais alinhados com os critérios do programa em nosso sistema.

Como não é possível selecionar todos os inscritos, cuja fila já supera 4 mil jovens, os adolescentes não selecionados entram em uma lista de espera, que será acionada nas futuras chamadas para seleção nos programas.

> *Entrevistamos o jovem com o intuito de estabelecer o primeiro vínculo com o Instituto. Nessa etapa, procuramos também entender quem é ele: seu perfil socioeconômico, sua estrutura familiar e seu processo psicossocial. Além disso, enxergamos a participação ativa dos familiares como algo excelente, pois o contato e a comunicação com a família fortalecem e facilitam o desenvolvimento do jovem, que precisa de suporte.*

A comunicação com a família é essencial não apenas para o jovem, como também para a família em si. O contato direto com os assistentes sociais, colaboradores e professores do Instituto transmite aos responsáveis pelo jovem a confiança que é necessária para que se sintam seguros. Muitas pessoas que vivem em áreas de risco ficam com medo da possibilidade de o adolescente frequentar lugares perigosos e mal-intencionados. Por isso, a entrevista acaba também servindo a esse propósito: transmitir segurança às famílias.

Quarto Passo: Seleção Final

Após a análise do comitê e do consenso entre os educadores, os jovens são selecionados e acionados para se matricularem no programa e preencherem as vagas. Aos selecionados, o retorno é dado por telefone: aprovação na seleção e providências para a matrícula.

Quinto Passo: Matrícula

Os alunos selecionados levam os documentos para matrícula presencial. Para essa etapa é fundamental a presença dos pais ou responsáveis pelos alunos. O jovem pode estar acompanhado, em último caso, por um amigo ou vizinho mais velho que se apresente como responsável temporário ou definitivo por ele, mas não realiza sua matrícula no caso de se apresentar no Instituto Ser + desacompanhado. Para realizar a matrícula, é preciso:

- Apresentar todos os documentos solicitados (declaração escolar atestando matrícula regular ou histórico escolar comprovando a conclusão do Ensino Médio; duas fotos; comprovante de renda; comprovante de endereço; RG e CPF);
- Preencher e assinar o formulário de matrícula. Os responsáveis assinam também a ficha de matrícula preenchida;
- Assinar o termo de autorização de uso de imagem e voz.

Após a matrícula, os horários de aula são informados e combinados; os adolescentes se tornam oficialmente jovens do Ser + e estão aptos a participarem da aula inaugural.

Os jovens do Instituto Ser + contam com vários benefícios durante sua participação no programa:

- Lanche reforçado durante o horário de aula;
- Gratuidade na participação dos projetos: os jovens não pagam taxa alguma para ingressar no Instituto Ser +;

- Vale-transporte: os jovens recebem cartões de transporte para viabilizar o deslocamento ao Instituto Ser + para as atividades formativas.
- Tratamento odontológico: entendendo que a saúde bucal é uma das maiores carências entre os jovens de baixa renda, o Instituto Ser + consolidou uma parceria com uma empresa do setor para que os educandos tenham tratamento odontológico e dicas de cuidados com os dentes durante sua permanência no programa;
- Material didático para as atividades formativas.

A matrícula é o momento que formaliza o início da trajetória do jovem no Instituto. É uma etapa de celebração, pois muitas vezes representa uma primeira conquista para os jovens que não têm tantas oportunidades apresentadas a eles. É quando as suas histórias começam a ganhar as cores que eles sempre sonharam para colorir suas vidas.

Novos Caminhos

A juventude é uma fase fortemente marcada pela transição entre a infância e a vida adulta. É normal e até saudável que o jovem tenha dúvidas. Ao longo desses anos de trajetória, percebemos que é natural a ansiedade e insegurança do adolescente no início do projeto, mesmo que ele tenha demonstrado muita empolgação e engajamento nos momentos de entrevista e matrícula.

Todos criam muitas expectativas em relação ao que irão aprender, aos educadores e, principalmente, ao grupo de jovens e possíveis amizades que irão formar. Frequentemente, relatam genuína preocupação em como serão vistos pelos outros colegas, se serão aceitos e se as pessoas irão gostar deles.

Nesta etapa, é de suma importância que ele seja orientado quanto a tais inseguranças. Não cabe a nós julgar a existência de tais frustrações, mas sim promover acolhimento desses jovens, tanto para que possam desenvolver o senso de responsabilidade ao fazer suas próprias escolhas, quanto para evitar que eles fiquem desmotivados ao não saber que caminho escolher.

O que move o jovem a seguir em frente é saber que ele pode encontrar as respostas para os questionamentos que ele mesmo decide fazer. Nossa missão é orientá-lo a encontrar essas respostas.

Nenhum de nós sabe ao certo o dia de amanhã, mas todos sabemos que é necessário muito preparo. Hoje, mais do que nunca, é preciso que o jovem desenvolva diversas habilidades. Se antes um diploma universitário bastava para que ele se destacasse, hoje é indispensável também que ele desenvolva seu networking, sua comunicação e sua inteligência emocional, ou as chamadas soft skills.

Tendo ciência desse cenário, a equipe social do Ser + mantém contato com os responsáveis dos jovens matriculados no projeto. Assim, podemos mapear quem enfrenta maiores desafios com a nova jornada e se os familiares estão conseguindo dar a assistência necessária.

Em alguns casos, os assistentes sociais e psicólogos são acionados para dialogar com os jovens e auxiliá-los a superar esses desafios. O principal objetivo é fazer com que os adolescentes se sintam acolhidos e abraçados pela instituição.

Sexto Passo: Aula Inaugural

A aula inaugural é o primeiro encontro oficial das novas turmas constituídas. É um momento fundamental para o início dos trabalhos de consolidação do grupo de jovens e criação de laços entre eles e os educadores do Instituto Ser +. É um período intenso e marcado pelas seguintes atividades:

- Apresentação do programa e da equipe do Instituto Ser + aos jovens;
- Os compromissos são firmados, as regras são estabelecidas e demais informações sobre o programa são repassadas;
- Os jovens assinam um acordo de convivência e fazem pactuações com os educadores e coordenadores: uso obrigatório da camiseta, proibição do consumo de cigarros ou álcool e uso de boné, respeito aos horários de chegada e na utilização do laboratório de informática, etc.

- É servido um lanche e várias dinâmicas de integração são realizadas;
- Os jovens recebem kits de boas-vindas e de participação no programa (camisetas, caderno, lápis, passaporte para o futuro, etc);
- Os jovens recebem seus cartões de alimentação, transporte e plano odontológico;

Acordos de convivência são estabelecidos no decorrer do programa:

- O celular deve ficar desligado durante as aulas;
- O horário de início das atividades e a frequência;
- O jovem deve cuidar dos seus pertences: material e camisetas;
- O jovem deve observar regras básicas de convivência dentro do Instituto Ser + ("com licença", "obrigado", "por favor");
- O jovem deve evitar o uso de apelidos no tratamento aos colegas;
- Aspectos relacionados à diversidade, como etnia, religião, sexualidade, situação socioeconômica, aparência ou necessidades especiais, devem ser respeitados.

Sétimo Passo: Semana de Formação Coletiva

Na "Semana de Formação Coletiva" ou "Ciclo de Formação coletiva", os jovens participam de dinâmicas de integração, tomam conhecimento dos temas geradores que serão trabalhados no programa e também propõem acordos que gostariam de estabelecer com a equipe do Instituto Ser +.

Nessa semana, os educadores não trabalham os conteúdos das aulas, mas propõem dinâmicas que favoreçam a construção de laços de amizade e de cooperação mútua.

A cada dia da semana um educador trabalha com os jovens e realiza uma oficina diferente. Nas oficinas temáticas, cada tema é discutido à luz da realidade de todos, por isso as discussões vão desde o preconceito racial até o uso de apelidos pejorativos entre os colegas, como forma de humilhação e desrespeito.

No último dia da semana de formação coletiva, é realizada uma grande gincana em que os grupos se integram e todos têm contatos com todos. Nessa gincana acontece uma dinâmica, que é chamada de "caça ao tesouro", que envolve cada educador com sua área específica de conhecimento e todos os temas trabalhados ao longo da semana se entrelaçam.

Os alunos são vendados e, de mãos dadas o tempo todo, começam a caça ao tesouro, que pode ser uma caixa de bombons ou a arca do espelho (uma caixa com um espelho dentro. Quando o jovem abre a caixa, vê sua imagem).

Quando o tesouro é uma caixa de bombons, os mesmos são sempre divididos espontaneamente entre todos, sem intervenção da equipe.

Se o tesouro é a arca do espelho, o conceito trabalhado é o de que o melhor tesouro que você pode encontrar é você mesmo, sua identidade, suas fortalezas e conquistas.

Somente após o ciclo de formação coletiva, que dura em média 10 dias, os jovens são divididos em turmas.

Dentro do Instituto Ser + a ideia de competição desaparece, o que tem que ser fortalecido é o conceito de grupo e cooperação.

Temas geradores para o trabalho (debates, exposições, gincanas) com os jovens:

- A escola que temos e a escola que queremos;
- Identidade;
- Racismo e discriminação;
- Ética e cidadania;
- Protagonismo juvenil;
- Família;
- Diversidade e juventude.

A partir dos temas geradores, são realizados debates e oficinas que permitem a exploração de temas atuais e que fazem parte da realidade dos jovens e de suas comunidades.

Nosso propósito é semear no jovem o desejo de sonhar e ser o protagonista da própria história, e nossos projetos oferecem o ferramental para tornar esse cenário possível, especialmente para a juventude com menos oportunidades. Longe de tentar enquadrá-lo em uma realidade que ele não deseja para si, procuramos disponibilizar opções para que o jovem tenha os recursos de que precisa para alcançar os próprios objetivos.

Quando os adolescentes entendem essa mensagem e passam a enxergar cada dia como uma nova possibilidade de realizar e conquistar, sabemos que o nosso propósito foi alcançado.

Oitavo Passo: Formação Básica

O currículo formativo do Ser + varia de acordo com cada projeto. Ainda assim, há temas de formação básica que são trabalhados, de maneira geral, em todas as iniciativas. Tal conteúdo contempla os seguintes eixos temáticos:

- **Matemática** – aplicação prática no cotidiano e no mercado de trabalho. As quatro operações, regra de três, sistemas de medidas, raciocínio lógico, jogos e porcentagens, orçamentação de serviços.

- **Língua Portuguesa** – estudo da língua portuguesa com foco na produção e interpretação de textos, no estímulo à leitura crítica, na promoção da escrita, na comunicação e expressão e na produção de cartas, memorandos, comunicados profissionais.

- **Língua Inglesa** – abordagem prática e foco em expressões que são usadas cotidianamente pelos jovens sem que eles percebam. O objetivo é despertar o interesse pelo idioma e oferecer uma base para os jovens.

- **Informática** – noções básicas que preparam para a inserção no mercado de trabalho: Microsoft Office (Word, Excel e Power Point), internet (e-mails e sites de buscas), digitação, formatação e impressão de documentos.

- **Comunicação** – atenção, boa escuta, cordialidade, rapidez e eficiência na solução de problemas e coleta de informações relevantes.

- **Expressão corporal** – exercício de autopercepção, exploração espacial, equilíbrio, relaxamento e interação.

- **Expressão vocal e corporal** – treinamento das habilidades da fala e da melhor forma de expressão, tanto verbal, quanto não verbal.

- **Teatro** – foco no desenvolvimento da autonomia, criatividade, autoestima, simulação de situações de trabalho, exercício da alegria, contato com a cultura erudita.

- **Cidadania** – discussões de temas ligados à vida e à participação cidadã dos jovens na sociedade. O trabalho formativo busca sempre a transdisciplinaridade: os temas geradores permeiam todas as disciplinas e os educadores trabalham com o objetivo comum de fortalecer a formação para o trabalho e para a cidadania.

Além dos educadores, alguns colaboradores e executivos de empresas parceiras dedicam seu tempo voluntariamente para a realização de palestras e o compartilhamento dos seus conhecimentos e experiências com os jovens. Os temas dessas palestras seguem a lógica do programa e trabalham pontos referentes ao cotidiano no mercado de trabalho.

Os jovens têm a oportunidade de ouvir explanações que abordam a qualidade no trabalho, normas de conduta profissional, direitos e deveres do consumidor, tendências do mercado, importância da boa comunicação, e diversos outros temas relevantes. Durante a permanência do jovem no programa, os educadores do Instituto Ser + procuram não somente explicar para os jovens conceitos sobre o melhor desempenho no mercado de trabalho, mas também oportunizar a vivência prática desses conceitos.

Assim, a vestimenta dos jovens deve seguir o padrão exigido no mercado de trabalho para que eles já tenham essa noção o quanto antes e se acostumem a esse contexto. Por isso, o uso de bonés é proibido no ambiente institucional e, nas entrevistas de emprego, os jovens são orientados a se vestirem de maneira formal.

Conhecimento e União: Potencializando Talentos

A rotina e dinâmicas propostas nos projetos que utilizam a metodologia do Instituto Ser + são distintas das atividades realizadas com base no padrão expositivo e tradicional de ensino. Além do trabalho com temáticas que fazem parte da realidade e dia a dia dos jovens, as aulas sempre envolvem a participação ativa dos adolescentes, por meio de debates e discussões, produções artísticas e apresentações.

As aulas de cidadania e temas socioemocionais, sobretudo, representam o grande diferencial da proposta da metodologia, visto que não são temas frequentemente abordados nas escolas, mas fundamentais para o processo de desenvolvimento dos jovens. Frequentemente, os adolescentes apontam sentir-se mais seguros e articulados para expressar suas opiniões e estabelecer vínculos.

> *Sem o senso crítico, o jovem tende a achar que sua opinião não tem valor por não ser bem fundamentada. Com a reflexão a respeito de temas que abordam o convívio social, o jovem aprende a pensar por si mesmo e, com isso, passa a ter mais vontade de manifestar sua opinião. Assim, ele desenvolve também a comunicação e o entrosamento.*

Nono Passo: Trabalho com a Família

As reuniões com os familiares dos alunos são realizadas bimestralmente aos sábados ou durante a semana em período noturno.

Nessas reuniões, os responsáveis (normalmente as mães) são recebidos com um café e podem participar de dinâmicas já vivenciadas pelos jovens, para se familiarizarem com a metodologia do programa. A primeira reunião é o melhor momento para estabelecer laços de cooperação entre as famílias e o Instituto Ser +, pois, nesse momento, o programa é apresentado diretamente para os responsáveis e é feito um trabalho de sensibilização e construção de laços de corresponsabilidade.

Em alguns casos, os pais pedem para ter conversas privadas sobre os filhos ao final das reuniões. Para isso, uma equipe de três pessoas fica à disposição para conseguir atender a todos os interessados. As famílias tomam consciência de sua importância no tripé que dá sustentação ao trabalho formativo: jovens, famílias e equipe do Instituto Ser +.

No final do segundo encontro com os familiares e responsáveis solicitamos que respondam uma pesquisa de opinião, instrumento utilizado no processo de avaliação e reestruturação semestral do programa. A família é chamada para conhecer a vivência do projeto e assina um termo de acordo para a participação do jovem nos postos de trabalho das empresas. Na formatura, a família é novamente convidada a comparecer. Sua presença é muito valorizada por todos, principalmente pelos jovens.

Imagens do Futuro

Com a aproximação do encerramento do projeto, os jovens ficam cada vez mais empolgados com o evento de formatura e a apresentação de seus Projetos de Vida e Carreira, sendo o último o eixo central da metodologia do Instituto Ser +.

A proposta para construção de tal projeto é a conquista dos sonhos. Os jovens são orientados a se conhecer e traçar, de forma prática, as metas para alcançar os objetivos que vislumbram a curto, médio e longo prazo.

Quando se enxerga o alvo, o esforço necessário para acertá-lo não parece tão grande. Tampouco a distância, independentemente de o quão grande seja, parece interferir. Com garra e coragem podemos chegar a qualquer lugar, podemos realizar qualquer coisa. Quando o jovem enxerga o objetivo a sua frente e sente que é capaz, nada pode detê-lo de conquistá-lo.

> Nosso foco ao instruir o jovem é dar a ele liberdade para sonhar. Dizer ao jovem que seu sonho é difícil ou mesmo impossível não é uma prática dentro do Instituto. Independentemente do que ele queira conquistar, procuramos alimentar dentro dele a perspectiva de que tudo é possível.

Por isso é tão importante que o jovem tenha acesso à informação. A questão não é "o quê", mas "como". Como fazer? Como conseguir? Como conquistar? Não é o fim, mas o meio. O fim quem determina é o jovem. Se é que há um fim, pois, quando vemos que tudo é possível e que podemos conquistar qualquer coisa com empenho e dedicação, o fim torna-se o começo de um novo sonho.

A ideia é segurar a mão dos jovens para que eles aprendam a caminhar sozinhos. Fazemos isso através do apoio pedagógico oferecido pelos professores. O Instituto Ser + é o casamento entre o preparo e a oportunidade.

Quando os jovens enxergam essa oportunidade e se engajam em seguir seus Projetos de Vida e Carreira, galgando os degraus aos poucos, sabemos que plantamos uma semente em cada um deles e que, mesmo com o encerramento do projeto, todos sabem quais serão seus próximos passos e entendem que ainda há uma jornada pela frente.

Sabem, ainda, que apesar de essa nova jornada não ser fácil, será, também, repleta de realizações e os aproximará cada vez mais de seus sonhos e das pessoas que almejam ser no futuro. É com esse sentimento de motivação e orgulhosos de seus crescimentos que os jovens são convidados a participar do evento de formatura e certificação.

Décimo Passo: Formatura

A formatura é preparada com três meses de antecedência. A família é convidada e cada jovem tem direito a receber três convites. O Instituto Ser + toma todas as outras providências, tais como espaço físico, fotos, coquetel, cerimonial, entre outros.

Imersos na atmosfera de sonhos e realizações, os jovens são convidados a participar de processos seletivos para vagas de jovens aprendizes em empresas parceiras do Instituto Ser +.

Entendemos que para além da formação educacional, para incluir o jovem na sociedade, a etapa de inserção profissional é muito importante. É por meio da geração de renda e independência que o adolescente consegue os fundamentos para alcançar seus sonhos.

É natural que algumas inseguranças venham à tona nesse momento. Apesar de sentirem-se mais preparados, o mercado de trabalho ainda é um horizonte desconhecido e a chance de reprovação, por vezes, causa certa angústia.

Toda grande conquista começa com um pequeno passo. As primeiras entrevistas de emprego marcam uma fase importante na vida do jovem: a entrada no mercado de trabalho. Assim como toda prova, entrevistas exigem preparo. Sem o conhecimento adequado, o jovem tende a ficar confuso, e isso aumenta as chances de ele não se sair como esperava no processo.

Para apoiá-los a superar esse novo desafio, o papel dos educadores é fundamental, pois eles são figuras que conviveram diariamente com os jovens e conquistaram sua admiração e confiança. Nesses momentos, o educador muitas vezes faz o papel de entrevistador e ensaia com o jovem, o orientando no processo. Os currículos também são revisados e, aos poucos, os adolescentes têm sua confiança reestabelecida.

> *Sem preparo, as chances de o jovem ser aprovado são muito menores. É como correr uma maratona sem nunca ter treinado. Com a ajuda e as orientações dos professores, nossos alunos recebem o suporte de que precisam par encarar as provas e entrevistas, e ficam mais perto de realizar seus sonhos.*

Cada jovem é convidado para participar de, pelo menos, três processos seletivos, em empresas de setores distintos. Dessa forma, potencializamos a chance de contratação do adolescente, visto que cada companhia tem cultura, valores e rotinas de trabalho distintos e, portanto, procuram perfis de profissionais diferentes.

Caso o adolescente seja reprovado nos três processos, ele é convidado a passar por uma "reciclagem". Os educadores dialogam com o jovem e elencam os principais desafios: a timidez, o conhecimento sobre a empresa, a comunicação, entre outros. A partir disso, é feito um novo treinamento, focado nas dificuldades específicas. Em algumas semanas, o adolescente é convidado para uma nova tríade de processos seletivos.

Esse acompanhamento para jornada da empregabilidade é mantido até seis meses após a certificação no projeto. Cada jovem vive uma realidade e enfrenta desafios singulares e, portanto, a conquista de posição no mercado também ocorre em tempos distintos. Essa estratégia de monitoramento contribuiu para que 75% dos adolescentes formados pelo Instituto Ser + conquistassem uma vaga no mercado de trabalho.

Saudades e Expectativas

Passadas algumas semanas, todos os jovens recebem um feedback sobre as entrevistas. A equipe de seleção do Ser + dispara os e-mails e entra em contato via telefone para parabenizar aqueles que foram selecionados para as vagas de aprendizes.

É um momento de muita felicidade e empolgação, pois sentimos que, apesar das saudades e expectativas, é uma conquista dupla: a vitória do jovem, de conquistar seu espaço no mercado com muita dedicação, e do Ser +, por criar a oportunidade para que essa realidade fosse viável.

Quando integra o Programa Jovem Aprendiz, o conteúdo das aulas é voltado à área de atuação do jovem. O conhecimento e o suporte oferecidos o ajudam a fortalecer as competências necessárias ao trabalho. Assim, tanto o jovem obtém a experiência do aprendizado quanto as empresas se beneficiam da prestação de serviços mais qualificada.

É através desse suporte que, todos os anos, milhares de jovens conseguem abraçar oportunidades melhores. Com o preparo adequado, todos têm a chance de conseguir um bom emprego, ingressar na faculdade e realizar seus objetivos. Nós estabelecemos a ponte, mas quem a atravessa é o jovem.

A juventude do futuro

Além da inserção no mercado de trabalho formal, há alguns jovens que sonham em ingressar no ensino superior. Para viabilizar esses sonhos, o Ser + oferece apoio por meio de parcerias com instituições de ensino privadas, a fim de garantir bolsas de estudo.

Há, ainda, alguns adolescentes que apresentam como objetivo a aventura no mundo do empreendedorismo. Aqui no Ser +, sempre dizemos que nenhum sonho é digno de gaveta e, por isso, também fazemos a conexão com líderes e empreendedores de sucesso que possam compartilhar os desafios e caminhos para empreender. O conhecer na prática auxilia os jovens a compreender a dimensão do processo, além da importância de planejar e dar um passo de cada vez.

Acreditamos que juventude e futuro são palavras que caminham juntas, indissociáveis. E, para garantir um futuro mais inclusivo e igualitário, precisamos garantir que todos os jovens tenham acesso a oportunidades.

Nosso maior sonho é não precisar mais existir, à medida que as oportunidades estejam disponíveis para todos. É proporcionar aos adolescentes e jovens a chance de sonhar. É mostrar a todos eles que a realização de seus sonhos só depende deles mesmos.

E assim, juntos, construirmos um futuro melhor para todos.

> *O objetivo do Instituto Ser + é fazer com que cada ser humano seja um multiplicador do bem e da ajuda ao próximo, e que, com nossas forças reunidas, todos possamos construir um mundo mais inclusivo, justo e gentil. Não há nada tão valioso e fundamental quanto a felicidade e a sensação de que somos capazes de fazer qualquer coisa.*

COMPARTILHE ESTA IDEIA!

"Não vemos as coisas como são: vemos as coisas como somos."

— **Anaïs Nin**
escritora francesa

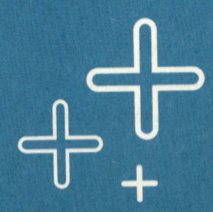

CAPÍTULO 7
Autoconhecimento, Autoestima e Descoberta de Talentos

> "Compartilhando minha história com os demais jovens em uma das dinâmicas em grupo, percebi que, assim como eu, todos passam por dias ruins e têm seus próprios desafios. Isso me ajudou a enxergar que eu não estava sozinha, que todos que estavam ali comigo buscavam uma mudança real em suas vidas, e isso era reafirmado a cada experiência nova e empolgante que tínhamos durante o curso. Destaco as vivências nas empresas, que me estimularam a assumir novas responsabilidades na busca dos meus sonhos. O apoio dos educadores e o acompanhamento social tiveram um papel fundamental para o resgate da minha autoestima."
>
> **Ana Pereira – jovem participante dos Programas do Ser +**

Sonhamos Alto e Voamos com as Estrelas

No ano de 2014, o Instituto Ser + foi fundado com o objetivo de mudar a realidade da juventude brasileira. Muitos acreditavam que nosso sonho era ambicioso demais e que seria muito difícil realizá-lo. E, de fato, essas pessoas estavam certas.

A juventude brasileira é composta hoje de dezenas de milhões de jovens que representam a esperança de um futuro melhor para nosso país. Eles são o fruto da sociedade que plantamos hoje. Esses jovens vivem uma realidade de medos e incertezas diante de um mundo cada vez mais dinâmico e imprevisível, fazendo com que muitos aceitem as condições impostas pela vida em vez de abraçar seus sonhos.

Esse quadro é ainda mais delicado para os jovens socialmente vulneráveis. Com dificuldade de acessar recursos básicos como educação, saúde e lazer, milhares deles sucumbem à ideia de que uma vida melhor não é possível. Em meio aos desafios e à falta de perspectiva, aceitam a condição que têm como uma realidade imutável.

> *A chave que abre as portas da mudança é a atitude. Sem ela, estamos destinados a repetir o passado. O objetivo do Instituto Ser + é abrir essas portas por meio da atitude de oferecer educação, oportunidade e os conhecimentos necessários para o autodesenvolvimento.*

As pessoas estavam certas a respeito de nosso sonho: ele é ambicioso demais. Porém, "nunca" é uma palavra que simplesmente não temos em nosso dicionário, algo que, para nós, representa o verdadeiro impossível.

Enquanto houver jovens enfrentando problemas, nós estaremos presentes para eles. Nós acreditamos no sonho de oportunizar uma vida melhor para *todos* os jovens brasileiros, e você também deve acreditar. Nossa jornada começa no momento em que nos conscientizamos de que ela existe. Por isso, resolvemos encarar o problema, porque, para nós, a inércia é a pior de todas as alternativas.

Sabemos das adversidades que muitos jovens enfrentam todos os dias. O que queremos é oferecer as ferramentas necessárias para que eles mudem suas vidas. Não para uma vida "menos pior", mas para uma vida de realização, sucesso e prosperidade. Acreditamos que isso é possível, e ninguém vai nos provar o contrário.

Desde 2014, comprometemo-nos com a missão de ser os agentes dessa mudança e, desde então, formamos mais de 14 mil jovens. Porque as pessoas que acreditam que podem mudar o mundo são as que o fazem.

O Alicerce de uma Grande Estrutura: Os Três Pilares do Instituto Ser +

Nossa metodologia tem como base os três elementos que compõem o título deste capítulo: autoconhecimento, descoberta de talentos e autoestima. Juntos, eles formam as bases necessárias ao desenvolvimento humano, que começa na juventude.

Não existe outro caminho que não passe por essas três etapas. O futuro está em nossas mãos, e cabe a nós decidir o que fazer do hoje para moldarmos o amanhã que queremos. Nada acontece por acaso — a realidade é nada mais do que o resultado de nossa dedicação no passado.

A modelagem do futuro a que nos referimos começa no autoconhecimento. É necessário que tenhamos a capacidade de nos olharmos no espelho e entender o que vemos, compreender quem somos, gostemos ou não. O processo de autoconhecimento é longo e dura a vida inteira, porém, sua fase mais acentuada é na juventude, o período responsável por nos proporcionar as primeiras experiências marcantes da vida, que têm grande influência sobre quem somos.

> "Por meio desses três pilares, os jovens são impulsionados a ser protagonistas da própria história e a empreender a própria vida. Diante desse ciclo, os alunos passam a identificar com clareza seus potenciais, o que contribui para a definição de metas e planos de ação pessoais e profissionais."

Durante esse processo, costumamos descobrir nossos principais talentos, que podem ser apontados por alguém ou descobertos por nós mesmos. Essas primeiras descobertas nos conduzem às primeiras aventuras e decisões importantes, abrindo caminhos e mostrando possibilidades. Por ser uma fase em que as descobertas causam fascínio e empolgam, a juventude é o período em que o autoconhecimento é tanto necessário quanto natural.

O aprendizado está diretamente conectado às emoções. Essas primeiras vivências, como o primeiro campeonato de futebol, o primeiro namoro, a conquista de uma medalha nos jogos estudantis do colégio ou uma primeira apresentação de dança, marcam o início de uma trajetória importantíssima, que define os primeiros passos do que planejamos para o futuro.

Talentos precisam ser descobertos e desenvolvidos, e isso só acontece a partir das experiências. Sem oportunidade, o talento é apenas uma semente que não germinou. Acreditamos que, por meio da educação, do primeiro emprego e do planejamento de carreira, o jovem pode se desenvolver com qualidade, boas perspectivas em relação ao futuro e força de vontade para seguir seus sonhos.

A principal consequência imediata desse cenário de oportunidades e perspectivas melhores é a autoestima, que alimenta a determinação. Com a autoconfiança, o jovem passa a acreditar em sua capacidade de conquistar aquilo que deseja e, assim, vai cada vez mais longe.

A Psicologia Positiva: O Copo Meio Cheio

Você com certeza já ouviu falar que algumas coisas dependem do ponto de vista de quem olha. Quer concorde ou não, ao olhar para um copo transparente com água até a metade, você pode fazer duas observações distintas: o copo está meio vazio ou o copo está meio cheio.

Exatamente, depende do ponto de vista de quem observa. Alguns fazem a primeira observação, enquanto outros, a segunda. A questão é: como determinar qual das duas está correta? Não existe maneira de concluir esse impasse, porque as duas análises são válidas. Acontece que depende do ponto de vista de quem vê.

Assim como o exemplo do copo, existe sempre mais de uma maneira de enxergar uma situação. A maneira como enxergamos a vida é a maneira como escolhemos enxergá-la. Não se trata de comparar realidades diferentes ou opiniões divergentes, mas de percebermos que tudo muda à medida que nós mudamos.

Durante a maior parte da segunda metade do século XX, a psicologia teve como objetivo tratar transtornos, até que o psicólogo Martin Seligman propôs que a psicologia fosse orientada não apenas para tratar problemas, mas também para melhorar a vida das pessoas que não enfrentavam nenhuma psicopatologia, levando a ciência da mente a um outro patamar, bem mais amplo.

O que Seligman fez foi sugerir que o copo estava meio cheio. Com isso, ele deu origem a um movimento científico que, desde então, vem crescendo e mudando a vida de milhões de pessoas que também passaram a enxergar o mesmo que ele: o copo meio cheio.

> "A resistência nem sempre está nas carências do jovem, mas na falta de perspectiva que ele tem em relação ao futuro. Se o jovem não sabe aonde quer chegar, não tem objetivos ou sonhos, a tendência é que ele não enxergue as oportunidades por simples falta de motivação."

Acreditamos que a psicologia positiva pode ajudar os jovens a serem mais felizes. O bem-estar é fundamental para encarar qualquer desafio e, independentemente das condições, temos sempre a opção de enxergar a vida sob uma perspectiva mais positiva e otimista.

Não se trata de criar uma ilusão, mas de conseguirmos nos ater às coisas que estão dando certo e ignorar as que não estão, ainda que temporariamente. Essa capacidade é fundamental para uma vida mais tranquila e uma mente mais leve, ambas tão importantes para o bem-estar.

De nada adianta a oportunidade se não conseguimos a enxergar. Ela pode ser um copo meio vazio ou meio cheio, só depende de quem vê.

Autoconhecimento:
O Caminho para uma Vida Melhor

Ana é uma jovem que vive uma realidade muito dura: após ter perdido a mãe, ela precisou cuidar de sua casa e das duas irmãs mais novas. Outro problema que costumava preocupar sua mente era o fato de que o pai não estava lidando bem com a perda da esposa e ela queria resolver a situação de qualquer maneira.

Frente aos desafios que a vida lhe impôs, Ana precisou se esforçar muito para conseguir manter os estudos. Em meio ao cansaço e à desmotivação, a vontade que a menina tinha era de abandonar as atividades escolares e se concentrar no mais importante: sua família. Porém, ela sabia que isso a prejudicaria muito, então nem sequer cogitou a ideia.

> *Todos os anos, milhares de jovens abandonam os estudos por terem que arcar com as grandes responsabilidades impostas pela vida. Segundo dados do Instituto Nacional de Estudos e Pesquisas Educacionais Anísio Teixeira (INEP), o Brasil contabilizava cerca de 2 milhões de crianças e adolescentes, de 4 a 17 anos, fora da escola no ano de 2019. Sem orientação, esses jovens perdem-se em meio às dificuldades e à falta de esperança de ter um futuro melhor.*

A jovem Ana acreditava cada vez menos que um dia sua vida fosse mudar. Cansada, ela torcia para que aquela fase difícil passasse logo. O medo de não dar conta de cuidar da família era constante.

"Após o falecimento da minha mãe, fiquei muito desacreditada. Depois que conheci o Instituto, pode-se dizer que surgiu uma nova Ana", declara a menina, emocionada com a própria história. A primeira coisa que Ana descobriria a respeito de si mesma seria sua fortíssima perseverança. Embora as adversidades fossem muitas, em nenhum momento a menina deu para trás, estava sempre se superando.

A jovem teve uma adolescência difícil, e foi sua história que fez dela quem é hoje.

> *O autoconhecimento é muito importante na vida do jovem. Sem ele, o jovem não sabe como encarar a vida simplesmente por não entender quem é.*

As atividades das quais ela teve a oportunidade de participar no Instituto proporcionaram a ela um contato consigo mesma. Com o apoio dos professores e tanto conteúdo para aprender, o medo passou a ser uma sombra cada vez menor.

A "nova Ana" a que ela se refere é fruto do autoconhecimento obtido com suas vivências. Ela percebeu que sua determinação era maior do que qualquer dificuldade.

Descoberta de Talentos

Os amigos da escola comentavam a respeito dos processos seletivos que haviam feito. A rotina de Ana havia ficado menos densa, dando espaço para que ela se concentrasse não apenas nas responsabilidades de casa, mas também em sua vida. Ela começava a questionar quem gostaria de ser e com o que gostaria de trabalhar.

Sabemos que o talento é algo muito pessoal. Às vezes, leva tempo até encontrarmos algo que faça nosso coração bater mais forte, algo que temos uma predisposição natural para fazer e que desperta o prestígio das pessoas. Há diversas definições para a palavra talento, e a que cultivamos é: aquilo que fazemos bem e que nos faz sentir bem.

Muitos passam a vida inteira sem encontrar essa aptidão excepcional que desperta admiração, reconhecimento ou a que atribuímos um sentido maior na vida. Entendemos que o talento deve servir como uma opção, não como via de regra. Sua descoberta deve ser estimulada durante a juventude, principalmente como fonte de motivação.

Ana tinha dúvidas quanto a seu talento, o que é muito comum. Às vezes, entre uma aula e outra, a imagem da família surgia em sua mente e ela perguntava se não era exatamente aquela sua maior habilidade: lidar com pessoas. Era algo que ela, com certeza, fazia muitíssimo bem, principalmente considerando sua idade.

"Será que eu sou mesmo boa em alguma coisa?", perguntava-se a jovem. Em breve, ela descobriria que não é boa em uma, mas em várias. Dúvidas começavam a surgir dentro dela e a despertar certa aflição toda vez que ela via alguém comentando sobre o assunto.

> *A descoberta do talento deve ser um processo natural e espontâneo. Caso contrário, acaba sendo mais uma obrigação a qual o jovem precisa satisfazer. Incentivamos que os alunos busquem seus talentos para que, antes de qualquer coisa, olhem para dentro de si e entendam quem são. Dessa maneira, eles se tornam mais aptos a tomar decisões que contribuem para sua felicidade e realização.*

Incerteza é algo muito comum durante a juventude. A falta de experiência somada à insegurança reforça a ideia de que o jovem deve buscar aquilo que é convencional. Entendemos que cada jovem é diferente e deve buscar seus sonhos independentemente de quais sejam. Nosso objetivo é estar ao lado dele para mostrar que, juntos, podemos conquistar qualquer coisa.

Vencendo as Barreiras que nos Impedem de Ser Mais

No caminho, é comum também que o jovem encontre obstáculos. Até certo ponto, os desafios criam um incentivo para a superação, marcando etapas importantes de desenvolvimento em sua vida.

Maiores ou menores, todos temos nossos desafios. Alguns deles foram escolhidos por nós e outros, pela vida. Procuramos oferecer as ferramentas e os meios para que todos se superem, para que cada um alcance aquilo que deseja, sem medo. Embora nossos desafios sejam diferentes, nosso objetivo é apenas um: ser mais.

Ana observava as irmãs brincando na sala enquanto o pai lia o jornal. Sua mente estava começando a se adaptar aos novos compromissos, mas seu coração ainda batia receoso. Ela não sabia o que o futuro reservava, mas tinha a sensação de que era muito bom. Ao mesmo tempo, tinha receio de não conseguir dar a atenção que a família precisava.

> *É necessário oferecer ao jovem, além do apoio técnico, suporte psicológico e emocional. Se, por um lado, existem os desafios práticos do dia a dia, por outro, existem também os desafios pessoais, inerentes a cada um. O Instituto Ser + abraça os jovens em todos esses âmbitos.*

Contudo, a jovem estava certa de que precisava tentar. Abandonar os estudos ou o Instituto estava fora de cogitação. Os professores ajudaram muito Ana durante sua trajetória e os desapontar a essa altura seria uma desonra.

Encontrando Nosso Melhor Eu

Essa não é uma tarefa fácil, mas é extremamente importante. Nosso *melhor eu* é simplesmente a melhor versão de nós mesmos que podemos ser. É aquela voz interna que nos parabeniza todos os dias ao colocar a cabeça sobre o travesseiro. É nossa essência, aquilo que nos enche de alegria e nos faz querer voar sempre mais alto.

"Vocês me ensinaram a ter proatividade. A segurança que vocês transmitem fez com que eu confiasse em mim mesma, fez com que abraçasse meus sonhos", conta Ana em relação ao Instituto. Ao abraçar seus sonhos, a jovem descobriu a melhor versão dela mesma.

Nós nos orgulhamos muito de cada jovem que passou pelo Ser +. Ficamos imensamente felizes em fazer parte de suas jornadas, seus desafios e suas conquistas. Entregamos o conhecimento, e vê-los construir o futuro é o que nos motiva a sempre ir além.

A menina que veio fazer a entrevista no Instituto era uma Ana fragilizada e com medo. Nela havia a luz inerente a todo jovem, porém, ofuscada pelas adversidades. Ver quem ela se tornou hoje só nos faz ter mais certeza de que sonhar não é para poucos, mas para todos.

> *Oferecemos as ferramentas para que o jovem encontre propósito em seu viver. Dessa forma, ele desenvolve uma predisposição natural para seguir em frente e superar os desafios. Ao ter esse contato consigo mesmo, não existem limites para o quão longe o jovem pode ir.*

Outro fator que torna a juventude uma fase comumente turbulenta é a expectativa que a sociedade e a família colocam sobre os jovens, principalmente durante a adolescência. Essa pressão cria uma barreira criativa que, ao invés de motivar, desanima. A cobrança para que se tome grandes decisões durante essa fase é muito grande, e a falta de preparo e de autoconhecimento, somadas ao dinamismo do mundo contemporâneo, podem apresentar sérios obstáculos.

Assim como milhares de jovens, Ana tinha todas as competências necessárias para conquistar o que quisesse, mas não sabia disso. Os receios que a menina tinha em relação ao resultado de sua dedicação e de se afastar da família criaram barreiras que dificultaram essa passagem. Com orientação, o jovem percebe que é possível mudar de vida e conquistar seus sonhos.

Pouco a pouco, Ana foi adquirindo autoconfiança. A maneira como passou a enxergar a vida lhe trouxe cada vez mais esperanças e ambições. Ainda que ela não percebesse, sua aventura foi conduzindo-a pelos caminhos das relações humanas. Hoje, Ana é formada em recursos humanos e diz se sentir muito realizada.

> "Para os jovens em situação de vulnerabilidade social, desenvolver as competências profissionais é um desafio ainda maior, devido ao cenário em que estão inseridos e à falta de oportunidades. Com o objetivo de mudar essa realidade, o Instituto Ser + trabalha com um contexto pedagógico que favorece o desenvolvimento das *soft skills*, cada vez mais necessárias ao mercado."

A Psicologia Positiva na Metodologia do Instituto Ser +

Nossa mente tem a excêntrica capacidade de potencializar os riscos como forma de nos proteger, pois é disso que se trata a tão famigerada zona de conforto: uma proteção imaginária.

O problema desse ímpeto protetor é que ele nos prende às situações a que atribuímos segurança e estabilidade. Nossos instintos, na maioria das vezes, conduzem-nos à autoproteção. A questão é que, desde tempos muitos remotos, a vida não tem mais apenas o sentido de sobrevivência, mas de busca pela felicidade.

A realidade de Ana não era fácil, isso é inegável. Não é nossa intenção comparar condições e seus graus de desafio. O que queremos propor é uma realidade melhor para todos, o que só se torna possível quando o jovem passa a enxergar a vida sob outro aspecto.

Não se trata de ignorar o que não está indo bem, mas de se ater ao que está. Na vida, temos apenas duas alternativas: reclamar e seguir em frente. Sabemos o quão difícil é em determinados momentos, e é por isso que prestamos todo o apoio educacional e emocional possível ao jovem, mas não existe outra opção.

Ana foi encontrando seu caminho em meio às pedras, e basta ver quem ela se tornou para perceber que qualquer pessoa pode mudar sua história. A ideia é sermos protagonistas, não coadjuvantes, e, para isso, precisamos assumir o controle sobre nossa vida, por meio de nossas decisões.

Martin Seligman, um dos primeiros psicólogos a propor as bases da psicologia positiva, sugeriu que, assim como aprendemos a ter pensamentos negativos, podemos aprender a ter pensamentos otimistas. Para ele, a positividade é algo que pode e deve ser desenvolvido, e não um reflexo de condições ideais.

Hoje, mais do que nunca, esse otimismo se faz necessário. É fundamental que os jovens enxerguem a vida sob uma perspectiva mais ampla. Por isso, adotamos as bases da psicologia positiva em nossa metodologia e as implementamos em nosso cotidiano. O ponto de partida de qualquer atitude é acreditar.

Resultado: Jovens Mais Felizes e Capacitados

"Hoje, tudo é diferente. Tudo está maravilhoso em relação à vida que eu levava. Hoje, sou uma nova Ana", declara a menina.

O processo da mudança é longo e exige muita dedicação. As condições de cada jovem são diferentes, e todos têm sonhos. Sonhar é o principal elemento da força de vontade, que alimenta a busca pela realização dos objetivos e metas. Ao fornecer os meios, propomos que os jovens embarquem na jornada rumo ao futuro, com coragem e determinação.

Ninguém pode dizer que a psicologia positiva não tem efeitos reais e comprovados. Experimente passar um dia inteiro inibindo comentários negativos e se forçando a enxergar o lado bom das coisas e veja como é simples. Ser feliz não é para poucos, mas para quem decide ser feliz. As adversidades são muitas, sabemos, e estamos aqui para ajudar.

> Não cabe a nós decidir o destino dos jovens. O que fazemos é orientá-los quanto à maneira como decidem lidar com o destino. As escolhas sempre foram e sempre serão deles. Por meio do autoconhecimento, da autoestima e do desenvolvimento de seus talentos, os jovens têm acesso ao protagonismo juvenil, que os tira da condição de vítimas e os coloca como donos de suas vidas.

Por meio dos três pilares, os jovens adquirem as competências necessárias à mudança. A partir daí, as oportunidades são aproveitadas, porque existe o preparo prévio. Com mais opções e recursos, o jovem adquire liberdade para escolher sua profissão, seus hobbies e projetos pessoais.

Nada se faz sozinho. É apenas com muita dedicação que os sonhos se tornam realidade.

Nosso maior sonho? Ver todos os jovens brilhando como as verdadeiras estrelas que são, reluzindo com seu brilho único e iluminando um céu de esperança e prosperidade.

◉ COMPARTILHE ESTA IDEIA!

"Sorte é o que acontece quando a oportunidade encontra o planejamento."

— **Thomas Edison**
empresário norte-americano

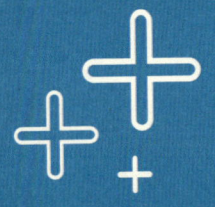

CAPÍTULO 8
Projeto de Vida e Carreira em Seis Estações

> "Desenvolver meu projeto de vida foi um momento de autoconhecimento. Eu sempre me cobrei muito, então o simples fato de ter que elencar minhas qualidades era um problema enorme para mim. Parar para pensar em quê eu realmente sou bom elevou minha autoestima e me ajudou a traçar objetivos que iam ao encontro da minha essência e das minhas habilidades técnicas e comportamentais. Todo mundo deveria ter essa experiência um dia."
>
> **Gabriel Alexandre – jovem participante dos Programas do Ser +**

O Projeto de Vida e Carreira e Sua Importância para a Juventude

A vida é dividida em fases, como bem sabemos. Durante a juventude, o jovem encontra-se em uma etapa em que seus direitos e responsabilidades mudam rapidamente, e o mais comum é que exista um choque de realidade ao enfrentar tais mudanças. Por isso, a juventude acaba sendo uma fase fortemente marcada pela adaptação que exige.

Somada a esses fatores, existe uma grande pressão da sociedade, e muitas vezes também da família, para que o jovem descubra sua vocação, decida o que quer fazer da vida, a faculdade que cursará, com o que trabalhará etc., o que traz ainda mais desafios para essa etapa.

> *Apesar das diversas inovações tecnológicas que mudaram nossos hábitos e reconfiguraram as relações pessoais e profissionais, o jovem ainda é jovem. Com roupagens e ideias diferentes, os desafios e as aventuras dessa fase continuam presentes.*

Considerando os desafios que a adolescência apresenta, acreditamos que o maior deles seja passar pela transição entre a infância e a vida adulta de forma produtiva. Em algumas situações, o jovem demonstra ainda estar muito conectado à infância, revelando o que comumente é classificado como falta de responsabilidade. Isso é, o senso de responsabilidade é algo que ainda está sendo adquirido e que, portanto, não é inerente e natural ao jovem.

É importante lembrar que não nascemos responsáveis. Este é um processo de aquisição de conhecimentos com relação a regras e hábitos. Deve-se, sim, cobrar comportamentos responsáveis do jovem, porém, sempre acompanhados de paciência e orientação, garantindo um desenvolvimento melhor e mais saudável.

Outro fator essencial de destacar é que nem sempre a cobrança para assumir responsabilidades como adulto acompanha os direitos e as liberdades para agir como tal, o que gera uma confusão ainda maior na mente do jovem. Essa ambiguidade caracteriza o grande desafio da juventude de conciliar a transição entre a adolescência e a vida adulta, geralmente sem parâmetros bem definidos.

Daí temos a importância da comunicação com o jovem. Saber o que ele pensa e o que sente é essencial para que essa fase não se transforme em uma experiência negativa. Como todas as etapas da vida, essa transição tem seus desafios e prazeres. O que a torna singular em meio a todas as outras etapas é a autoconsciência — não ser mais como uma extensão dos pais ou responsáveis, mas alguém diferente e independente.

É preciso oferecer apoio, orientação e certa autonomia para que o jovem tome suas decisões de maneira coerente e sem frustrar seus desejos pessoais. Quando a família obriga o jovem a tomar certas atitudes e seguir determinados caminhos, o processo de autodescoberta é distorcido, prejudicando o autoconhecimento. Quando não existe orientação da família ou de um mentor que o aconselhe, o jovem tende a tomar decisões precipitadas e principalmente a se contentar com as situações que a vida impõe, prejudicando seu desenvolvimento.

> *Por meio dos três pilares da metodologia do Instituto Ser +, o jovem tem a oportunidade de passar por essa fase de maneira produtiva e positiva, sem ter que abrir mão de seus sonhos e suas aspirações. Com autoconhecimento, o jovem entende quem ele é, o que gera autoestima e, por último, o motiva a desenvolver seus talentos.*

Nesse momento, o projeto de vida e carreira o ajuda a planejar sua trajetória de acordo com o que deseja para seu futuro, ainda que esse desejo não esteja claro em sua mente. Ao organizar seus objetivos em função de suas prioridades e com os recursos necessários para alcançá-los, o jovem vai traçando seu caminho em meio às pedras e crescendo aos poucos. Assim, ele tem cada vez mais vontade de ir além, superar-se e sonhar mais alto.

Em contrapartida, a vulnerabilidade social dificulta alguns pontos desse desenvolvimento. O objetivo do Instituto Ser + é oferecer a esses jovens a possibilidade de superar as adversidades, sempre lembrando-os de que podem ter a vida que desejarem. Ainda que os desafios sejam muitos, não existe alternativa senão superá-los.

Quando se trata de auxiliar o jovem, é necessário muita conversa para conquistar sua confiança. Muitos vêm de um histórico de violência e, portanto, ficam desconfiados e sentem-se inseguros de se abrir e mesmo de participar de atividades oferecidas por terceiros. Ao estabelecer um vínculo com o jovem, ele abre mão dessa postura defensiva e passa a enxergar as oportunidades.

Oferecer diferentes perspectivas é oferecer ao jovem a possibilidade de enxergar o mundo com outros olhos. Quando o faz, o jovem encontra a motivação necessária para se superar, e descobre dentro de si a garra e a coragem para obter as primeiras conquistas, tão fundamentais para seu desenvolvimento, como a aprovação no vestibular e o primeiro emprego.

Mesmo que o grande sonho do jovem esteja bem distante de trabalhar em uma grande empresa, a parceria com as empresas é necessária para oferecer a ele a oportunidade de retornar valor para a sociedade em troca do incentivo financeiro. Essa experiência é muito importante para que ele desenvolva as competências para viabilizar seu projeto de vida. O primeiro emprego, geralmente como jovem aprendiz, oferece uma oportunidade de crescimento, adaptação e amadurecimento de que o jovem precisa para se desenvolver.

As Seis Estações do Projeto de Vida e Carreira

Com base na metodologia do Instituto Ser +, o projeto de vida e carreira é uma ferramenta utilizada para a orientação das etapas a serem seguidas para alcançar objetivos definidos. Ao trazer os sonhos para o plano das metas e organizar o passo a passo para conquistá-los, fica mais fácil obter resultados de forma prática.

Esse planejamento compreende seis estações divididas nos três pilares da metodologia: autoconhecimento, autoestima e descoberta de talentos. Em cada estação são realizadas atividades voltadas a esses conceitos.

ESTAÇÃO 1: IDENTIDADE

- **Etapa 1:** Crie uma imagem, uma marca, uma logo que o represente.
- **Etapa 2:** Escreva uma frase, mensagem, poesia, trecho de música que tenha algum sentido para você.
- **Etapa 3:** Faça sua biografia (nome, idade, série escolar, composição familiar, bairro em que mora, seus gostos, hobbies...).

ESTAÇÃO 2: AUTOCONHECIMENTO

- **Etapa 4:** Faça sua linha da vida. Indique dez acontecimentos importantes para você, situe o que houve na sua família nesse mesmo ano e o que aconteceu no Brasil ou no mundo, podendo ser aspectos políticos ou culturais.
- **Etapa 5:** Conte uma novidade sobre você.

- **Etapa 6:** Para ter paz no mundo, é preciso...
- **Etapa 7:** Qual foi a sua maior alegria na turma?
- **Etapa 8:** Qual foi a sua maior tristeza na turma?
- **Etapa 9:** Quais são os seus sonhos (pessoais e profissionais)?
- **Etapa 10:** Qual é o seu projeto de vida?

ESTAÇÃO 3: AUTOESTIMA

- **Etapa 11:** Conte um momento determinante da sua vida. O que aconteceu? Por que foi importante? Como você participou dele?
- **Etapa 12:** Identifique as pessoas que você mais admira, aponte o nome e o motivo.
- **Etapa 13:** Quais são seus pontos fortes?
- **Etapa 14:** Como seus colegas o veem?

ESTAÇÃO 4: DESCOBERTA DE TALENTO

- **Etapa 15:** Desenhe uma escada com no mínimo sete degraus e escreva em cada degrau uma habilidade que você possui.
- **Etapa 16:** Desenhe um trevo de quatro folhas e escreva em cada folha uma habilidade que você precisa desenvolver.

ESTAÇÃO 5: O FUTURO

- **Etapa 17:** Construa uma planilha para realizar seu projeto de vida (o que, como, onde, quando, quanto). Nessa etapa, é fundamental que a planilha contenha orçamentos para tangibilizar os planos dos jovens.
- **Etapa 18:** Como você gostaria de estar daqui a um ano? E daqui a cinco? E daqui a dez?
- **Etapa 19:** Onde e como você pode ser mais?

ESTAÇÃO 6: MERCADO DE TRABALHO

- **Etapa 20:** Estruturação de currículo.
- **Etapa 21:** Dinâmicas e entrevistas nos processos seletivos.
- **Etapa 22:** Empregabilidade (encaminhamento para o mercado de trabalho).

O autoconhecimento é a chave para as decisões de curto, médio e longo prazo. Ele é a base de todo planejamento que fazemos. Quando o jovem se depara com ele mesmo e entende quem é, tudo ao seu redor parece fazer mais sentido, oferecendo a ele perspectivas e cenários mais otimistas.

Descobrir o que gosta e o que não gosta é uma parte importantíssima da juventude, pois é esse autoconhecimento que nos conduz à ação e às primeiras decisões importantes. A motivação gerada por ele é o combustível da criatividade, da superação e da autoestima.

Ao se sentir bem consigo mesmo, o jovem encara a vida com mais otimismo e empolgação. A partir daí, damos início ao desenvolvimento de seus talentos e aptidões para que ele se capacite para o mercado de trabalho e o ensino superior, buscando sempre sua evolução pessoal e profissional.

A Aventura de Gabriel

Gabriel, o jovem de 17 anos cheio de ânimo que mora com o pai, cuja história foi contada em um capítulo anterior, teve sua vida mudada pelo planejamento de vida e carreira e do Projeto Líder +. Aqui, contaremos com mais detalhes como isso aconteceu.

Enquanto isso, nossa diretora de Educação & Diversidade, Ednalva Moura, falará a respeito da perspectiva pedagógica da construção do planejamento de vida e carreira adotado pelo Instituto e como ele reforça a importância da metodologia que adotamos.

O jovem tende a se comportar de acordo com a forma como enxerga a si mesmo. Quando percebe que conquistar seus sonhos é algo que está a seu alcance, quando percebe que tem o potencial dentro de si, a distância que separa o jovem da realização fica menor.

Gabriel e o Projeto de Vida e Carreira

Estação 1: Identidade

Gabriel se depara com o Passaporte para o Futuro e sua mente é atiçada pelas milhares de ideias que surgem. Ter em mãos uma conexão entre quem ele é e quem quer ser é uma novidade inspiradora, apesar de muitas coisas ainda não estarem bem definidas em sua mente.

"Eu vivia muito no momento, não sabia o que queria fazer da vida. Acabei me desenvolvendo muito como pessoa durante o curso do Instituto Ser +, o que me deu muitas expectativas", relata o jovem em relação à experiência.

Gabriel começou no Projeto Educonexão, um curso de mídias digitais oferecido pelo Instituto Ser +, no horário da manhã. À tarde, o menino assumia tarefas de casa e, no período da noite, estudava. Após a separação dos pais, ele precisou se readaptar para se ajustar à nova rotina que agora era parte de sua vida.

> *O Passaporte para o Futuro é um documento que visa conectar os jovens ao planejamento de vida e carreira de forma instantânea e natural. Quando eles encaram o Passaporte, automaticamente começam a pensar em seu significado e no que representa o futuro em sua vida.*
>
> *A ideia é levar ao jovem uma perspectiva mais ampla em relação à vida. Ao vislumbrar um amanhã que ele realmente gostaria de conquistar, em vez de impor algo como obrigação, naturalmente ele se engaja no processo do autoconhecimento. O jovem olha para dentro de si, questiona quem ele é e que futuro gostaria de ter.*

Na primeira etapa do processo, é solicitado que o aluno desenhe um símbolo e escreva uma frase que o represente.

"Um símbolo que me represente... eu nunca tinha pensado em nada parecido. Como um símbolo poderia me representar? Quando pensamos nessas coisas, começamos a olhar para dentro de nós e nos perguntar quem somos. Eu nunca havia feito nada parecido antes", relata Gabriel.

> *A essência dessa atividade é levar o aluno à autorreflexão. Quando ele desperta para essas questões, começa a mudar de atitude em relação à sua vida e a adotar uma postura mais ativa. Diferentemente do que acontece quando não temos a consciência de quem somos ou de quem queremos ser, quando essas questões começam a ganhar espaço e clareza em nossa mente, tomamos a frente da situação e corremos atrás dos nossos sonhos.*

"Se você nunca para com o objetivo de refletir, nunca saberá quais são seus sonhos, seus objetivos e como realizá-los. No Instituto Ser +, tive a primeira oportunidade de fazer isso: refletir sobre meus sonhos", conta Gabriel.

Ao se deparar com o Passaporte, o menino começa o processo do autoconhecimento. A partir dali, o jovem passaria não mais a viver só no momento, mas a planejar sua vida da forma que gostaria que fosse. Começava, então, sua jornada rumo ao futuro.

Estação 2: Autoconhecimento

Na segunda estação do planejamento, os jovens são convidados a resgatar suas origens e a refletir brevemente sobre como elas se correlacionam com os acontecimentos históricos.

Ao fazer esse exercício, o jovem percebe sua evolução desde o momento em que nasceu, os desafios que enfrentou para chegar aonde está e como a sociedade mudou nesse período, refletindo sobre o caminho que conecta o passado ao presente.

> Resgatar origens como a árvore genealógica abre um universo de questionamentos sobre a história do jovem e sua relação com a história do Brasil e do mundo, criando uma ponte entre a autodescoberta e o aprendizado.

Além dessa tarefa, outras atividades que colocam o jovem em contato consigo mesmo são orientadas de maneira breve, sempre despertando a reflexão e enfatizando o autoconhecimento.

Refletir sobre nossos sentimentos e a maneira como nos vemos é o melhor caminho para desenvolver as habilidades de inteligência emocional, tão necessárias para uma vida mentalmente mais saudável. Em muitos casos, o melhor a se fazer é tratar as causas do problema em vez das consequências.

Estação 3: Autoestima

Ao começar no Projeto Educonexão, Gabriel ficou deslumbrado com a dinamicidade das atividades que eram oferecidas. A cada dia, ele descobria mais sobre si mesmo. Diferente do que via na escola, o jovem participava de rodas de conversa, debates e questionamentos a respeito de temas relacionados à juventude e à vida, sempre voltados ao desenvolvimento do pensamento crítico.

> A flexibilização das atividades é essencial para que o jovem construa uma relação de confiança e bem-estar com a instituição. Sem ela, fica difícil estabelecer um relacionamento com o jovem, aumentando o índice de evasão e diminuindo sua participação nas atividades.
>
> Quando o jovem está engajado, tudo o que vem como consequência desse engajamento é superação e realização. Desistir passa a não ser mais uma opção, porque ele simplesmente não tem vontade de ir embora. Tudo começa no querer. A partir daí, o jovem passa a trilhar seu caminho.

As aulas no Instituto Ser + são baseadas na participação dos alunos. Acreditamos que é de suma importância o envolvimento e a conexão entre os professores e os jovens para obter melhores resultados. É comum que as aulas sejam feitas em formato de roda de conversa, para estimular a participação e a troca de ideias. Ao conduzir as atividades educativas dessa forma, os jovens ficam mais à vontade para opinar e, assim, participam ativamente do processo.

A timidez de Gabriel começou a ficar para trás e a sumir em meio às características que estava descobrindo. Aos poucos, o menino percebeu que, na verdade, gostava de conversar e interagir com as pessoas, ao contrário do que tinha pensado. Sua personalidade se transformou com as novas experiências e o jovem adotava novos planos à medida que aprendia mais sobre si mesmo.

Esse processo de aquisição da autoestima é essencial para a formação da personalidade do jovem. A falta de comunicação, muito comum nessa etapa da vida, traz desafios ainda maiores. Quando o jovem aprende a se comunicar, a dizer o que pensa, e ganha a confiança necessária para expor suas ideias e pontos de vista, novos aspectos de sua personalidade emergem em meio às dúvidas e inseguranças comuns da adolescência.

> *Ao criar empatia, o relacionamento entre professor e aluno é consolidado e fortalecido. Isso é muito importante, pois muitos alunos vêm de um histórico de medo e insegurança. Quando existe confiança, existe liberdade para se expressar, ouvir o outro e, consequentemente, existe aprendizado.*

"Meu relacionamento com os professores sempre foi excelente. Todo o suporte que eles oferecem foi essencial para o meu desenvolvimento, pois eu sempre senti que podia confiar neles. Toda a turma era convidada para uma grande conversa descontraída, porém muito instrutiva", conta-nos Gabriel a respeito da relação que tinha com os professores e colegas.

Com os relacionamentos de que precisava para se sentir bem e capaz, Gabriel foi desenhando seu futuro, traço por traço.

Estação 4: Descoberta de Talento

"Lutar sozinho é bem diferente de lutar com o apoio e a dedicação de pessoas que veem potencial em você. Esse apoio fez toda a diferença na minha vida", conta Gabriel em relação à experiência no Instituto Ser +.

Nessa estação, desenvolvemos duas atividades com os jovens. A primeira é desenhar uma escada simbólica, em que cada degrau representa uma habilidade que o jovem possui. Esse exercício tem como objetivo fazer com que o jovem entenda sua trajetória não como algo fixo, mas ascendente. Ao subir cada degrau, ele está mais próximo de onde quer chegar.

A segunda atividade é que o jovem desenhe um trevo de quatro folhas e, em cada uma delas, escreva uma habilidade que precisa melhorar, criando uma associação entre a sorte e o preparo que é necessário para obtê-la.

> No que diz respeito ao talento, o objetivo do Instituto Ser + é levar para o jovem a ideia de que ser bom em algo nem sempre é uma questão de ter nascido com uma habilidade excepcional, mas de desenvolver suas habilidades em função daquilo que ele acredita e se alegra em fazer.

Alguns descobrem sua vocação muito cedo, às vezes na infância. Outros acabam descobrindo durante a adolescência ou mesmo depois de formados, impulsionando uma mudança de profissão e carreira. Quando falamos de juventude, basta a pressão da sociedade para que o jovem se sinta obrigado a demonstrar aptidão por alguma coisa. Acreditamos que o melhor é descobrir e desenvolver os talentos como um processo natural, cada jovem no seu tempo.

Essa pressão que existe para que se tome decisões acaba atrapalhando seu desenvolvimento. Sob o grande estresse que essa pressão causa, é comum que o jovem acabe se precipitando em suas escolhas. Deve, sim, existir o estímulo para que ele se engaje em algo, porém, forçá-lo a tomar decisões cedo demais nem sempre é benéfico.

Estação 5: O Futuro

Para dar início às ações que levarão ao projeto de vida e carreira, é necessário que o jovem estipule os recursos de que precisará para transformar seus sonhos em realidade.

Com a ajuda de uma planilha, propomos que ele reflita a respeito do que precisa fazer, como, onde, quando e quanto custará. Assim, ele transforma seus sonhos em objetivos alcançáveis e suas vontades em realizações.

"Sem querer me gabar, não é que eu queira ser bem-sucedido, eu decidi que vou ser bem-sucedido", brinca o jovem.

Tudo o que fazemos na vida é uma questão de escolha. Quando abrimos mão de decidir e planejar que futuro queremos ter, outra pessoa ou mesmo a vida o fará por nós.

Independentemente das dificuldades, precisamos ter em mente as consequências do que estamos deixando para trás e focar aquilo que realmente importa. A chave para uma vida de mais conquistas e satisfação pessoal é a organização e o planejamento. Porém, muitos jovens ficam na dúvida quando o assunto é se organizar de maneira prática e objetiva.

> *Por meio do planejamento de vida e carreira, o jovem tem a oportunidade de transformar seus sonhos em objetivos. Ao orientar seus recursos para a maneira mais prática de viabilizar seus objetivos, o jovem enxerga o caminho a sua frente, dando a ele a motivação necessária para superar os desafios que encontra pela jornada.*

O objetivo do planejamento de vida e carreira é oferecer ao jovem uma ferramenta prática para ajudá-lo na conquista de seus sonhos. Quando bem orientados, seus esforços se somam para o próprio jovem e para todos ao seu redor, que se beneficiam diretamente de todo o potencial que ele oferece, independentemente da área em que escolha atuar.

Assim, o Gabriel tímido e inseguro que entrou pela porta do Ser + nos conta ter deixado o Instituto se sentindo capaz de realizar qualquer coisa. "Ser aluno do Ser + foi a melhor coisa que me aconteceu", conta.

Essa é etapa em que o jovem começa a colocar o planejamento de vida e carreira no papel, de maneira organizada e mais objetiva. Ao definir seus planos para o futuro e as etapas que precisará atravessar para os alcançar, o próximo passo a ser dado fica mais claro, aproximando o jovem de seus objetivos.

Aqui, o jovem é convidado a refletir sobre seus sonhos e seu futuro.

Estação 6: Mercado de Trabalho

É preciso que o jovem tenha autoconfiança para enfrentar os desafios da vida. Quando não acredita em seu potencial, ele tende a desistir de seus objetivos, seja por ter decidido ou por conformismo. Mas, com orientação e autoconfiança, o jovem pode chegar aonde quiser.

Gabriel fala sobre seu primeiro emprego: "Minha experiência como jovem aprendiz foi baseada no conteúdo que aprendi no Instituto, principalmente no que diz respeito à postura. Às vezes, a gente deixa de prestar atenção à maneira como está sentado ou mesmo como se veste e se apresenta. Como eu já havia aprendido muito sobre postura, quando cheguei à empresa, as pessoas logo perceberam que eu queria mesmo trabalhar, porque minha postura refletia isso."

> *Hoje, o conhecimento técnico por si só já não basta para que o jovem tenha a oportunidade de se inserir e crescer no mercado de trabalho. É necessário o desenvolvimento das soft skills, e entre elas está a capacidade de transmitir confiabilidade e comprometimento por meio da postura e da linguagem corporal. Esses são detalhes muito importantes para reforçar a autoconfiança do jovem e para que ele tenha acesso a melhores oportunidades.*

Algumas semanas mais tarde, o jovem recebeu a notícia de que havia sido aprovado em uma das entrevistas e que, em breve, começaria uma nova aventura em sua vida.

> *O primeiro emprego é uma oportunidade excelente para que o jovem possa desenvolver suas competências e ganhar autoconfiança. A primeira experiência no mercado de trabalho é responsável por reforçar a autoestima, a independência e os primeiros passos rumo a maiores conquistas.*

"Às vezes, eu tinha a sensação de que ainda não estava preparado", conta-nos Gabriel em relação à experiência como jovem aprendiz. E continua: "Era difícil, porque eu me cobrava muito e imaginava que minha falta de experiência seria um problema para a empresa. Logo que comecei, descobri que estava errado."

Mediante a metodologia do Instituto Ser + e o diálogo com as empresas, a relação entre o jovem que está entrando no mercado de trabalho e a empresa, que precisa dele como funcionário, é aprimorada e otimizada, constituindo uma relação benéfica para ambos.

Aos poucos, a grande autocobrança que Gabriel tinha foi se transformando em orgulho de quem ele havia se tornado e de suas conquistas recentes. A cada dia, o jovem confiava mais em si.

O Projeto Líder + no Planejamento de Vida de Gabriel

O que É o Projeto Líder +?

O Projeto Líder + tem o objetivo de capacitar jovens para serem líderes e embaixadores do Ser +, levando aos demais a mensagem e os fundamentos do Instituto. Ao abordar as características que formam um bom líder, o projeto visa capacitar os jovens para um aspecto crucial do mercado: a liderança.

Gabriel no Líder +

Gabriel, que participou do projeto, relata o seguinte: "O Projeto Líder + foi a melhor coisa que me aconteceu. Com ele, tive a chance de desenvolver meu planejamento de vida e dar vazão a minhas ideias. Também me ajudou muito a ser mais autoconfiante, pois, a partir das oportunidades, eu me enxerguei realizando meus sonhos."

Quanto à capacitação, Gabriel nos conta ter visto muito do conteúdo que aprendeu no Instituto sendo abordado no Projeto Líder +. Esse conhecimento é essencial pra que o jovem ingresse no mercado de trabalho preparado para oferecer o melhor possível, somando para as atividades da empresa.

São experiências como essas que o Instituto Ser + busca ao oferecer ao jovem a perspectiva de que é possível ser quem ele quer, independentemente dos desafios. Por meio do Projeto Líder +, o jovem desenvolve as habilidades de um líder excepcional, algo raro e extremamente necessário.

A definição de boa liderança mudou. Antes, as pessoas seguiam e idolatravam seus líderes por questões de hierarquia. Hoje, um bom líder deve inspirar pessoas com as causas e os princípios que defende. Assim, as relações tinham uma configuração completamente diferente do que vemos atualmente e deverão mudar ainda mais no futuro.

Os jovens de hoje são os líderes de amanhã. A maneira como estão sendo capacitados dirá se essa liderança será positiva para a sociedade ou não. Quando nos voltamos à formação de líderes éticos, de verdadeiros exemplos, somamos para todos aqueles que serão seus subordinados e para os que serão impactados por suas decisões.

Ninguém sabe ao certo os desafios que o mercado de trabalho trará daqui a alguns anos, mas sabemos que a figura do líder ainda é de extrema importância para os resultados individuais e coletivos. Por isso, é necessário nos voltarmos à formação de líderes competentes, inspiradores e inovadores, que sejam capazes de resolver problemas sem abrir mão da ética.

COMPARTILHE ESTA IDEIA!

"Acabou a era do emprego. Começa a era do trabalho."

— **Václav Havel**
escritor e dramaturgo checo

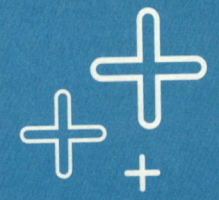

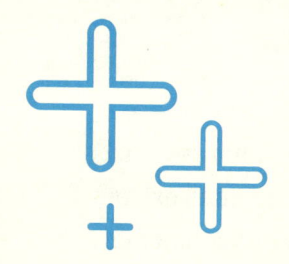

CAPÍTULO 9

E Agora, o que Fazer? Empregabilidade

> "Quando cheguei no Ser +, eu tinha acabado de trancar minha faculdade de engenharia, porque o salário que recebia onde eu trabalhava era inferior ao valor da mensalidade. Isso me desanimou muito e impactou diretamente a minha autoestima. Minha passagem pelo Instituto me devolveu o desejo de sonhar e mudou minha história e a de minha família. O desenvolvimento de minhas habilidades e as certificações adquiridas com a conclusão do curso me abriram portas para o mercado de trabalho."
>
> **Ricardo de Souza – jovem participante dos Programas do Ser +**

A Inserção de Jovens nas Empresas: Como e Por quê?

O mundo mudou. E, com ele, o mercado de trabalho e suas configurações. A empregabilidade nos dias de hoje exige mais preparo do que nunca, aumentando a concorrência dos processos seletivos. Hoje, estar atualizado e buscar novas capacitações constantemente não são itens opcionais, mas imprescindíveis.

Essa reconfiguração abrangeu todas as esferas da sociedade, principalmente as pessoas afetadas pela vulnerabilidade social. E, quando consideramos os jovens, que, geralmente, não têm experiência ou formação, essa reconfiguração exige que se superem desafios ainda maiores.

Como resultado, temos um mercado de trabalho cada vez mais competitivo, cujas condições para ingresso são cada vez mais exigentes. Em meio a esse cenário, a vulnerabilidade social piora ainda mais a situação de quem tem dificuldade de acesso a recursos básicos, como educação de qualidade, tão importante nesse contexto.

A diretora de Educação & Diversidade do Instituto Ser +, Ednalva Moura, fala a respeito de como enxerga esse cenário, de como ele afeta os jovens e da importância da empregabilidade para a juventude brasileira:

"A juventude é uma etapa marcada por desafios que são inerentes à fase. Quando somamos a ela as dificuldades que o mundo contemporâneo impõe, entre elas o ingresso no mercado de trabalho, temos um desafio ainda maior, cujos resultados afetam não só os jovens, mas a sociedade como um todo.

> *Quando nos voltamos ao jovem com o olhar mais humanizado, entendemos que os desafios da juventude atual são muito diferentes dos desafios enfrentados pelas gerações anteriores. A velocidade das inovações e o dinamismo do mundo atual embaçam a visão dos jovens em relação ao futuro, minando as perspectivas e reforçando a desmotivação.*

Entre as consequências dessa configuração, estão o aumento dos índices de estagnação, ansiedade, depressão e até mesmo suicídio entre os jovens.

Tendo em vista esse cenário, ficaram as perguntas: como podemos mudar essa realidade? Como podemos construir uma sociedade mais justa, equilibrada e saudável?

Para mudar esse cenário, precisamos nos voltar à juventude, pois é ela que construirá o futuro. Oferecer melhores perspectivas aos jovens é mudar a maneira como eles enxergam a realidade e, consequentemente, aproveitar seu potencial criativo e predisposto a encarar os desafios.

A empregabilidade é um dos principais fatores motivadores da dedicação. Sem ela, os jovens tendem à estagnação ou ao conformismo. Por isso, o Instituto Ser + volta-se à capacitação dos jovens, buscando agregar para eles os conhecimentos de que precisam para ingressar e se estabelecer no mercado. Simultaneamente, oferecemos às empresas a chance de contar com profissionais mais capacitados, motivados e engajados."

A seguir, você conhecerá a história do Ricardo, que, como milhares de jovens brasileiros, precisou mover montanhas para conseguir a oportunidade de ter uma vida melhor.

Madrugadas Frias

É 1h15 da manhã, e Ricardo ainda nem chegou à metade de seu expediente. A temperatura interna da câmara de frigoríficos em que trabalha varia entre -25ºC e -30ºC e, por isso, o jovem precisa usar roupas específicas para não congelar.

"Eu batia ponto às 21h. Às 3h, eu ia 'jantar', para, às 4h, retornar ao trabalho, que só acabava por volta das 6h", conta-nos o jovem mais tarde.

Ricardo trabalha como empilhador para uma grande empresa atacadista na cidade de São Paulo, e sua rotina é bem pesada. Depois que um dos membros da família deixou a casa em que moram a mãe, a irmã e ele, o jovem precisou trancar a faculdade de engenharia civil para ajudar a pagar as contas de casa. "Eu precisei escolher entre estudar ou comer", declara o jovem.

Desistir da faculdade não foi uma decisão fácil, mas Ricardo precisa se concentrar no que mais importa no momento: alimentar a si e a família.

"Foi um baque muito grande para mim, mas eu não podia mais pagar a faculdade. Fiquei estagnado durante meses, sem vontade alguma de retomar os estudos. Eu era autodidata em relação a algumas coisas, mas nem isso me motivou", relata o jovem.

> *O Instituto Ser + olha para o jovem de acordo com a bagagem que traz, os desafios que carrega e o que espera para o futuro. É necessário ter esse olhar humanizado para os jovens em situação de vulnerabilidade, pois muitos carecem não só de recursos e conhecimento, mas da necessidade de poder confiar em alguém.*

Assim, Ricardo ia enfrentando as madrugadas frias, cada vez menos esperançoso de que algo pudesse dar certo. Seu objetivo, agora, não era mais a formatura, mas conseguir pagar as dívidas que foram se acumulando em casa. Com o salário que ganhava, dificilmente ele conseguiria tal feito. Mesmo tendo vendido seu carro, ainda havia muitas contas com as quais precisava arcar. Retomar os estudos? Um dia, quem sabe.

A Chama da Esperança

"Ricardo, se inscreve no curso que te falei, não vai cair seu braço!" A irmã insiste todos os dias para que ele não desista de voltar a estudar, porém, durante algumas semanas, foi difícil convencer o irmão.

"Eu sei que meu braço não vai cair, mas pode ser que meu rendimento no trabalho caia. Não posso me dar ao luxo de pensar nisso agora", responde ele sempre que a irmã vem com a ideia do curso.

> *A situação de vulnerabilidade social impacta diretamente o desenvolvimento do jovem e, consequentemente, reduz suas chances de conquistar melhores oportunidades. As dificuldades que a vida impõe acabam muitas vezes por tirar o jovem dos estudos, e muitos não conseguem retornar.*

Depois de muitas tentativas fracassadas da irmã, Ricardo finalmente se convence de que dar uma chance a seu futuro não pode custar tanto. O primeiro contato do jovem com o Instituto Ser + foi por meio de uma de nossas educadoras, que o notificou de que o processo seletivo de uma das turmas do Ser + abriria em breve.

Ainda relutante, alguma coisa dentro dele o inclinou a aceitar o convite. Em breve, a vida do jovem começaria a mudar, e uma reaproximação dos estudos aconteceria logo, logo.

Ricardo no Instituto Ser +

"Ricardo, não me leve a mal, mas você acha que vai conseguir frequentar as aulas com essa rotina puxada?", pergunta o entrevistador, preocupado com o jovem que está sentado à sua frente.

"Olha, sendo bem sincero, eu não tenho muita escolha. Achar não é uma opção, eu tenho que conseguir", responde o jovem, com uma determinação impressionante.

Admirado com a confiança do rapaz, o recrutador pede que ele aguarde alguns instantes. Passados alguns minutos, o jovem recebe a notícia de que foi aprovado. Muito feliz com a notícia, ele volta para casa e conta a todos da grande novidade, que se alegram por ele.

Ricardo é um jovem que preza muito pelo convívio familiar, mas quase não tem tempo de curtir alguns momentos com a mãe e a irmã, fazendo com que esse instante seja ainda mais valioso, apesar de breve. Depois de alguns abraços, é hora de tomar banho e correr para o trabalho, porque o horário já está apertado.

> *Em meio às dificuldades, muitos jovens passam a acreditar que retomar os estudos não deve fazer parte de seus planos, por tirar seu foco do sustento da família. O objetivo do Instituto Ser + é levar para o jovem a perspectiva de que ele pode, sim, capacitar-se para ter uma vida melhor e seguir seus sonhos sem deixar de lado suas obrigações.*
>
> *Por meio do suporte de toda a equipe do Instituto, não apenas no que diz respeito à capacitação, mas em relação a aspectos psicológicos e emocionais, o jovem busca dentro de si a vontade de mudar de vida e a determinação que é necessária para tal.*

A Nova Rotina

Se antes o cotidiano de Ricardo já era puxado, logo ele descobriu que podia ser ainda mais. A rotina na empresa não dava trégua, e frequentar as aulas do Instituto tornavam o dia a dia ainda mais desafiante.

Acordar todos os dias para ir trabalhar e frequentar as aulas era uma verdadeira batalha que precisava ser vencida diariamente. Nessa jornada, o jovem teve o apoio de pessoas que foram muito importantes para ele.

"Lembro que eu tinha um colega, o Mateus, que levava café para mim todos os dias. Ele acordava meia hora mais cedo, preparava o café em casa e levava em uma daquelas garrafas portáteis. Esse gesto foi muito importante para mim, não só por causa do café em si, mas pela parceria", conta o jovem Ricardo em relação à amizade que tinha com os colegas do Instituto.

Com o apoio dos colegas e dos professores, ele ficava mais empolgado com as perspectivas de novas conquistas. Embora a sua rotina fosse ainda mais difícil do que antes, agora ele tinha um horizonte, uma motivação para ser mais forte do que os problemas.

Surpresas

Tudo começava a melhorar na vida do jovem Ricardo, até que um dia ele recebe a notícia de que seu supervisor havia demitido o outro empilhador que trabalhava com ele.

O horário permaneceu o mesmo, mas ele precisou se esforçar ainda mais para suprir a falta do colega. Afinal, havia menos uma pessoa trabalhando, e a quantidade de tarefas não diminuiu.

Todos os dias, Ricardo deixava o frigorífico às 6h e caminhava para encontrar sua irmã na estação de trem por volta das 6h30. Exausto, ele e a irmã embarcavam em um dos vagões lotados e seguiam rumo ao Instituto para assistir às aulas de capacitação. A rotina ia ficando cada vez mais pesada, e o jovem sentia cada vez mais dificuldade de manter o ritmo.

Durante alguns meses, essa foi a difícil rotina do jovem. As poucas horas de sono e o trabalho pesado, conciliados com os estudos, renderam três visitas ao hospital por exaustão. A mente de Ricardo era firme como uma rocha, mas o corpo começava a cobrar o desgaste das batalhas que enfrentava.

O jovem pensou em pedir férias, pois já estava com uma atrasada, mas algo dentro dele dizia que aquele período longe do trabalho poderia ser ainda mais necessário à frente. Assim, com a ajuda dos amigos e da família, Ricardo foi levando a rotina.

"Eu chegava em casa depois das aulas no Instituto e tomava banho enquanto minha irmã preparava minha janta. Eu comia e me deitava, no máximo, às 18h30, para levantar às 20h30 e começar tudo de novo. Se eu batesse o ponto meia hora depois do horário, me atrasava, e esses trinta minutos viravam uma bola de neve", relata o jovem.

E continua: "Acima de tudo, os professores do Instituto foram simplesmente sensacionais, todos eles. Seu conhecimento e paciência foram determinantes para minha formação."

> *Assim como Ricardo, milhares de jovens enfrentam grandes dificuldades para ter acesso à educação e a melhores oportunidades de trabalho.*
>
> *Ao criar uma conexão entre a juventude vulnerabilizada e as empresas, o Instituto Ser + preenche as lacunas existentes no mercado de trabalho, capacitando os jovens para assumir as vagas, conquistar seu espaço e buscar seus sonhos e objetivos.*

E assim, com o apoio dos colegas, de sua irmã e sua mãe, Ricardo foi levando a rotina cansativa e criando forças para continuar.

Roupa Social

O contato com os professores do Instituto abria novas perspectivas na mente do jovem. Aos poucos, a vontade de estudar voltava, e, com ela, o desejo de conquistar seu espaço em lugares melhores.

Paralelamente a essa experiência, as visitas a empresas parceiras do Ser + aumentavam ainda mais a vontade que começava a nascer dentro de Ricardo, em especial os bancos.

O uniforme dos executivos e gerentes inspirava Ricardo a querer trabalhar em um ambiente como aquele. Diferente do casaco de pele que usava no frigorífico, as roupas sociais dos executivos refletiam toda a experiência de trabalhar em uma grande empresa: bons salários, oportunidades de crescimento, planos de carreira, entre outros.

> *Nem todo jovem sonha em trabalhar em uma grande empresa, porém, muitas vezes, é essa oportunidade que viabiliza objetivos e projetos, pois a inserção no mercado de trabalho possibilita uma série de fatores agregadores que o jovem pode usar para transformar seus sonhos em realidade.*

Um detalhe que chamou a atenção de Ricardo era o fato de que havia poucas pessoas negras trabalhando naqueles cargos. "Bem, se não tiver nenhum, vai passar a ter", determinou o jovem para si. A partir de então, a determinação virou um objetivo.

Dobrando nas Férias

O jovem enfrentava a rotina até que um dia soube de um processo seletivo que abriria vagas em um dos bancos que havia visitado. Uma nova luz começava a iluminar sua vida.

"Eu precisava me preparar para o processo e estar disponível no dia da entrevista, então cheguei para o meu supervisou e disse que não tinha mais como esperar as férias. Eu já estava com duas delas vencidas", conta Ricardo.

"Eu estudava com a minha irmã. Lembro-me de um dia em que começamos os estudos às 15h e só paramos às 23h30", continua o jovem.

Tendo conseguido 15 dias de férias, em vez de descansar, ele passou a estudar ainda mais. Afinal, era a oportunidade de sua vida, e ele não a deixaria passar.

> Entre as atividades de capacitação que o Instituto Ser + oferece estão os preparatórios para as entrevistas de emprego. É extremamente importante que o jovem tenha o conhecimento necessário para se voltar às questões que definirão sua aprovação no processo.
>
> Assim, temas como postura, linguagem verbal e corporal, o que dizer e o que não dizer são importantíssimos para aumentar as chances de aprovação. Hoje, além do conhecimento técnico, o mercado de trabalho exige também as habilidades interpessoais, ou soft skills.

Algumas semanas depois, Ricardo participaria do mesmo processo seletivo que a irmã. A exaustão pesava como as roupas que precisava usar no trabalho. O cansaço era enorme. Será que todo o esforço dos últimos meses seria recompensado?

O Novo Começo

O jovem estava tão otimista em relação ao futuro que, de repente, resolveu pedir demissão. Ele não havia feito uma prova ou entrevista sequer, mas algo dentro dele dizia que não havia o que temer.

Quando o jovem recebeu a notícia de que havia sido aprovado no processo seletivo, embora a ansiedade fosse enorme, ele preferiu esperar antes de contar para sua irmã. Ela havia feito a mesma prova, e, embora irmãos, eles concorriam entre si. Para a felicidade dele, a irmã também havia sido aprovada. Aquela grande novidade foi motivo de festa e comemoração.

"Sabe aqueles momentos na vida em que a gente se sente tão confiante que parece sair do chão? Eu estava em êxtase, e meu otimismo era tanto que pedi as contas e não olhei para trás", conta-nos o jovem.

Ricardo fez entrevista em dois bancos, e foi aprovado nas duas. Embora um deles oferecesse benefícios excelentes, ele acabou optando pelo outro devido a uma maior afinidade e a uma lembrança de sua infância.

"A entrevista foi leve, e o tratamento que recebi, excelente. Além disso, esse banco fez parte da minha vida de forma indireta. Lembro-me de que, quando era pequeno, jogava futebol em uma escolinha que era patrocinada por esse banco. Sempre que passo em frente ao campo em que treinava, que fica bem em frente ao prédio onde trabalho, desfruto dessa maravilhosa lembrança", declara o jovem.

Depois da grande conquista, Ricardo voltou a repensar os estudos. Dessa vez, ponderava a respeito de cursar economia em vez de retornar à engenharia civil.

"Conversei muito com os professores a respeito dos cursos. Eu estava trabalhando em uma instituição financeira, e o curso de economia me ajudaria a desenvolver minhas habilidades. Em dado momento, percebi que, com o salário que ganhava, conseguiria fazer economia, engenharia, pagar as contas e ainda sobraria dinheiro suficiente para não me preocupar, então resolvi fazer as duas", compartilha Ricardo.

> *Quando o jovem socialmente vulnerável tem a oportunidade de mudar sua condição de vida, novas perspectivas se abrem, dando vazão a seus sonhos e ao desenvolvimento de seus talentos. Acreditar em um futuro melhor é o que move o jovem a enfrentar os desafios e os superar. Sem perspectiva, o jovem tende à estagnação e a se conformar com as condições impostas pela vida. Por isso, é necessário oferecer ao jovem o imaginário de que é possível sonhar, ser quem ele quiser e chegar aonde desejar.*

Assim, a vida de Ricardo começava a mudar de maneira que, há alguns meses atrás, ele não imaginava que seria possível.

Ricardo Hoje

A mudança na vida do jovem é inegável, e suas conquistas são puro resultado de sua dedicação. Embora as condições fossem extremas, depois que passou a enxergar a oportunidade, desistir não fazia parte de seus planos.

"Atualmente, trabalho como auditor interno na área de contabilidade do banco e continuo cursando as duas faculdades, uma presencial e a outra, a distância", conta o jovem.

Contudo, Ricardo recorda um momento de constrangimento, em que foi barrado na entrada do trabalho por um jovem que imaginou que ele estava no lugar errado.

"Eu estava me aproximando da entrada, distraído, quando um rapaz perguntou o que eu queria ali, se eu precisava que ele chamasse alguém. Sem entender, respondi que eu queria trabalhar. Quando ele viu que meu acesso foi liberado, ficou surpreso. Aquilo mexeu muito comigo, e fiquei me perguntando se ele teria feito aquilo caso fosse um jovem branco em vez de um negro", lembra Ricardo.

"Perceber aonde eu cheguei me dá uma alegria enorme. Eu trabalhava de madrugada em um frigorífico e precisava usar roupas específicas dos pés à cabeça para não congelar. Hoje, eu trabalho usando roupa social e, para mim, é uma satisfação enorme", conclui o jovem.

Quando perguntado a respeito de sua trajetória de vida e de como a enxerga, ele afirma o seguinte: "O Ricardo de antigamente acabou perdendo sua perspectiva e seus sonhos para as dificuldades da vida. A luz das coisas que sempre desejei, como melhorar a condição de vida da minha mãe ou mesmo viajar o mundo, foi se apagando dentro de mim e minha personalidade alegre foi sumindo. Minha mente estava esgotada.

"Depois que fui aluno do Instituto Ser +, o eu de antigamente ficou no passado, dando lugar a um novo Ricardo, que voltou a estudar, a acreditar e, acima de tudo, a sonhar. Abrir mão do que tinha conquistado até certo ponto da minha vida foi muito doloroso, mas consegui tudo em dobro.

"O mais gratificante para mim é poder passar os fins de semana perto da minha mãe e da minha irmã. Quando trabalhava de madrugada, eu quase não as via e, agora, posso passar mais tempo com elas. Esse é o novo Ricardo."

> *Assim como Ricardo, milhares de jovens sonham em ter uma vida melhor, mas, em meio às dificuldades, deixam de acreditar. A comunicação direta entre o Instituto Ser + e os gestores de grandes empresas verifica o que é necessário para que o jovem negro, de baixa renda ou de alguma outra forma afetado pela vulnerabilidade social ingresse e permaneça dentro do mercado de trabalho.*

Hoje, o jovem sonha em chegar cada vez mais longe e, entre seus principais planos, está o de se tornar um grande investidor.

O objetivo do Instituto Ser + é proporcionar cada vez mais experiências como essa, estabelecendo um vínculo entre a juventude e o mercado, de maneira a capacitar os jovens e atender às demandas exigidas pelo mundo contemporâneo.

E, dessa forma, acendermos a chama de milhares de sonhos que, de outra forma, permaneceriam congelados.

Conheça mais sobre os personagens deste capítulo conferindo a entrevista abaixo:

Ricardo de Souza

Conheça mais sobre a emocionante história de Ricardo de Souza, jovem participante dos Programas do Instituto Ser +:

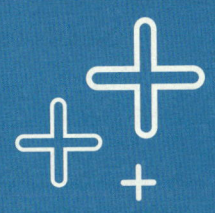

Parte 3

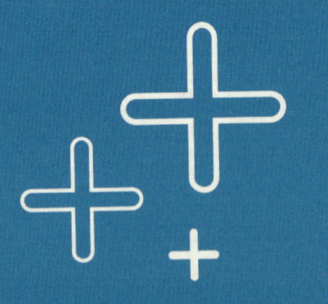

A contemporaneidade traz desafios de uma proporção nunca antes vista. A projeção para as próximas décadas, assim, não poderia ser diferente: os desafios ficam cada vez maiores e o mercado de trabalho torna-se cada vez mais exigente.

Esses desafios reconfiguram nossas vidas das mais diversas maneiras. Nossos hábitos, nossa cultura e nossos valores se adaptam em uma tentativa de se encaixar às novas demandas. São milhares de exigências que parecem não ter mais fim em um mundo cada vez mais competitivo.

Os desafios são inegáveis, mas o Instituto Ser + sugere uma visão alternativa a respeito desse futuro. As mudanças fazem parte da história da humanidade. Na contemporaneidade, não seria diferente. Porém, essas mudanças não significam um futuro ruim, apenas diferente.

Juntos somos a solução. Alcançar um novo horizonte é uma decisão, não uma fatalidade. As mudanças são inevitáveis e os desafios, cada vez maiores. Cabe a cada um de nós buscar as ferramentas para fazer da vida não apenas uma jornada pela sobrevivência, mas pela conquista de algo significativo e genuinamente valoroso.

COMPARTILHE ESTA IDEIA!

"As pessoas felizes recordam o passado com gratidão, alegram-se com o presente e encaram o futuro sem medo."

— **Epicuro**
filósofo grego

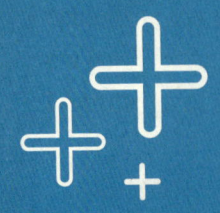

CAPÍTULO 10

E o Futuro?

> "A dinâmica do mundo atual exige que estejamos o tempo inteiro nos recapacitando, para que possamos ampliar nossa visão, e estejamos aptos para as mudanças que o mercado exige, independentemente da área de atuação. Existem características do ser humano que serão exigidas cada vez mais no futuro do mundo do trabalho: capacidade de adaptação, resiliência e empatia. Nossa metodologia de ensino está intimamente ligada a essas características, e nossa missão é apoiar nossos jovens para que eles estejam preparados para encarar esses desafios."
>
> **Sofia Esteves –
> Presidente do Instituto Ser +**

Sofia Esteves e o Sonho que Originou o Instituto Ser +

O sonho do Ser + nasceu de uma experiência pessoal. Certo dia, eu me deparei com uma mãe maltratando seu bebê e minha indignação me levou a agir: pulei a cerca de arame farpado que me separava dela e impedi que aquela cena se estendesse. Mais tarde, perguntei à minha mãe quem era responsável por cuidar das crianças e impedir situações como a que eu havia presenciado. Eu tinha 4 anos quando aquilo aconteceu e não podia imaginar, à época, que a história da minha vida estaria fortemente conectada a prevenir cenários como àquele. .

Aos 17 anos, decidi cursar psicologia e comecei a desenvolver o projeto de um orfanato. Contudo, a vida me conduziria por caminhos diferentes. Trabalhei durante muitos anos na área de recursos humanos e, paralelamente, ia formulando os detalhes do projeto. Muitos anos se passaram até que eu e meu marido finalmente decidimos tirar o projeto do papel e dar início à sua construção, mas uma notícia inesperada mudaria meus planos, mais uma vez.

Em uma entrevista com a presidente da Vara da Infância e Juventude de Vinhedo, fui informada de que não havia mais a possibilidade jurídica de abrir um orfanato no Brasil. Triste e desapontada, fiquei sem chão. No decorrer da entrevista, a presidente, que havia jogado um balde de água fria em mim, sugeriu que a vida havia me preparado, na verdade, para ajudar não os bebês e crianças órfãos dos pais, mas os jovens e adolescentes órfãos do mercado de trabalho. Uma nova perspectiva ganhava forma em minha mente.

Era uma ideia completamente inusitada para mim, e o desafio chamou meu nome alto. Eu tinha quase 30 anos de experiência em recursos humanos e a possibilidade de realizar meu sonho por meio de um projeto completamente diferente me inspirou e renovou meu ânimo. Assim, comecei a ajustar as ideias do antigo projeto para se adaptarem ao novo.

À época, eu realizava um trabalho voluntário para uma instituição que tinha objetivos bem similares aos meus. Lá, conheci a Wandreza e a Ednalva, duas pessoas maravilhosas que se tornaram grandes aliadas nessa jornada. Pedi que elas me ajudassem a desenvolver a metodologia social para fundar o Instituto Ser + e, assim, demos origem a uma grande equipe que, entre mim e elas, contava com uma série de profissionais altamente capacitados.

Quando chegou o momento de criar o piloto dessa metodologia e de começarmos a testá-la, recebemos a notícia de que a instituição que auxiliaria no processo fecharia suas portas e interromperia a capacitação de mais de 400 jovens.

Não havia palavras para descrever minha frustração. Achei que tudo estivesse perdido, mais uma vez. Cada passo que dava, em vez de me aproximar, parecia me afastar mais do meu sonho. Foi aí que eu decidi dar o maior e mais ousado salto da minha vida.

Fui à instituição para conversar com o presidente da instituição e vice-presidente de RH da empresa que criara o projeto. Fiz uma oferta para assumir a instituição e mudar seu nome para Instituto Ser +. Era o plano perfeito, pois a instituição já possuía todas as certificações de que eu precisava para abrir uma ONG. Então percebi que, na verdade, a vida havia me dado a maior oportunidade de viabilizar meu sonho até então.

Foi dessa forma que, embora com muito receio por liderar logo de cara um projeto bem maior do que estava preparada, assumimos toda a equipe e os jovens que estavam sendo capacitados. Minha alegria era indescritível. Nesse momento, recebemos o apoio crucial de uma grande empresa parceira, que fez uma doação para nos ajudar com esse primeiro projeto e nos auxiliou com todo seu conhecimento técnico e estratégico. Com um time excelente, experiente e altamente capacitado, grandes amigas e aliadas ao meu lado, as certificações necessárias e ainda o apoio de grandes instituições que acreditaram em mim e no projeto, tudo começou a ganhar forma.

É claro que nem tudo foram flores. Nosso projeto precisava de suporte financeiro para ser implementado. Com esse novo desafio, passamos a estudar possibilidades de financiamento. Apesar de todas as dificuldades, estávamos confiantes. Em uma reunião com a Alcely Barroso, uma amiga querida, que construiu sua carreira em uma multinacional da tecnologia e que sempre apoiou projetos educacionais, tivemos a confirmação de que a empresa investiria no Instituto Ser +, o que possibilitou a implementação do nosso projeto.

E, assim, o grande sonho da minha vida começava a se tornar realidade.

Como o Instituto Ser + Enxerga o Amanhã?

Desde sua fundação, o Instituto Ser + ajudou a mudar a vida de milhares de jovens e adolescentes. Ao contribuir para sua formação e capacitação, fomentamos a descoberta e o desenvolvimento de talentos para que cada um tenha a oportunidade de ter a vida que gostaria, em vez de simplesmente aceitar as condições que lhe foram impostas.

> Por meio do protagonismo social, do valor compartilhado e de novas oportunidades, em 2014, um sonho começava a ganhar vida. A união de forças e competências dá início ao Instituto Ser +.

Desde a fundação do Instituto, tanto os jovens quanto a sociedade só tiveram a ganhar. Os jovens, por ter a chance de se capacitar e ingressar no mercado de trabalho. A sociedade, por colher os benefícios dessa relação entre o mercado e o jovem, que retorna grande valor por meio de sua dedicação.

Motivação para Mudar

Quando o jovem está engajado e acredita no que faz, nada pode detê-lo. Diferentemente dos modelos de trabalho que eram comuns há alguns anos, a juventude de hoje tem como prioridade encontrar propósito no trabalho e no desenvolvimento profissional.

> A remuneração e o status social ainda pesam muito na escolha da profissão, porém, cada vez mais, os jovens sentem a necessidade de ter um envolvimento mais profundo com o trabalho.

Novas Perspectivas

O mundo mudou e levou consigo a ideia de que o trabalho está diretamente relacionado à subsistência. A juventude de hoje tem uma grande necessidade de estar envolvida de corpo e alma com suas atividades, sejam elas pessoais ou profissionais.

> *Seja em outros projetos sociais ou mesmo na esfera privada, os resultados dos esforços de uma juventude engajada e inspirada a sempre ir além agregam e somam para todos ao redor. Quando esses talentos são aprimorados e orientados a atividades produtivas, o jovem adquire a autoconfiança necessária para se desenvolver, trabalhar, estudar e somar para seus semelhantes.*

Aproximação entre as Gerações

É necessário que haja um diálogo mais eficaz entre as gerações. A experiência de quem viveu os períodos anteriores revela conceitos, ideias e práticas diferentes daquelas que vivemos hoje. Quando os familiares não participam do processo de evolução dos jovens, graves falhas de comunicação podem ocorrer, dissolvendo ou mesmo extinguindo relações importantes.

> *O respeito deve ser sempre reforçado para que haja coerência e harmonia nas relações familiares. O diálogo entre as gerações é fundamental para o desenvolvimento conjunto e para a troca de experiências que, por sua vez, amplia perspectivas, fomenta ideias e endossa grandes sonhos.*

O Valor Compartilhado entre a Sociedade

O que se segue a partir dessas relações e desses princípios são os retornos que esperamos: uma sociedade mais produtiva, desenvolvida e coerente. Essas ideias são as bases para toda sociedade que se pretenda saudável.

> *Sem esses ideais e práticas, navegamos rumo ao desconhecido, esperando que a sorte de bons ventos nos conduza por águas mais mansas e rasas, sempre com medo de afundar.*

Mares mansos não fazem bons marinheiros, e desistir de nossos sonhos para evitar as tempestades nunca esteve em nossos planos. Queremos, junto com os jovens, ir sempre além do que podemos alcançar. O Instituto Ser + tem a tarefa de conectar os jovens ao mercado de trabalho e à sociedade, e essa é uma missão atemporal.

Os Desafios do Futuro

Muito se fala a respeito dos desafios que nos aguardam em um futuro cada vez mais próximo, mas pouco se fala a respeito do que podemos fazer para nos preparar e poucas são as luzes que indicam as oportunidades que esse futuro traz.

> *Precisamos mudar essa concepção de que o futuro, por ser incerto, é ruim. Estamos sempre nos adaptando às novas condições que aparecem sem pedir licença e simplesmente caem sobre nossas mãos, o que não é ruim, mas desafiante.*

O principal ponto é como decidimos lidar com os novos desafios. Se, por um lado, as inovações tecnológicas ameaçam extinguir empregos, por outro, oferecem uma série de novas profissões que exigirão muito de nossa habilidade de ser criativos, empáticos e cada vez mais humanos.

Ninguém sabe ao certo o que nos aguarda, e é cada vez mais difícil estipular qualquer cenário. Por isso, o foco não deve estar em entender o futuro, mas em nos prepararmos para o que vier.

As Soluções

A chave da questão está em nossas atitudes. Ter medo ou reclamar não fará com que o futuro seja mais fácil ou mais prazeroso, muito pelo contrário, só nos deixará ainda mais distantes da realização. Acreditar que somos capazes é o que nos move a seguir em frente.

Viver não é uma tarefa fácil. Muitas vezes, sobreviver por si só já é bastante desafiador, porém, não devemos abaixar a cabeça jamais. Afinal, quem de nós nunca achou que não fosse conseguir e se surpreendeu consigo mesmo?

Nada acontece por acaso, muito menos no âmbito profissional. Sorte não é uma dádiva que nos é ofertada ao nascer, mas um encontro entre a oportunidade e o preparo para aproveitá-la. Os cenários que projetamos para o futuro são desafiadores, sim. Isso não deve ser motivo para desespero, mas para nos instigar a ser o melhor que pudermos em tudo o que fizermos.

> Na caverna que você teme entrar está o tesouro que você procura."
>
> — Joseph Campbell, escritor e professor norte-americano

Novos desafios exigem novas habilidades. Com determinação, dedicação e força de vontade, todos alcançaremos um futuro melhor, independentemente do quão desafiador seja. A questão não são as condições, mas o que estamos dispostos a dedicar para as superar.

Não se trata do futuro que nos espera, mas do que esperamos para o futuro. E, mais do que isso, do amanhã que construiremos para nossos filhos e netos por meio daquilo a que nos dedicamos hoje.

> *Se antes os desafios eram embasados pela falta de informação, hoje eles derivam do excesso dela. E cada vez mais a instantaneidade toma conta de nossas vidas, influenciando nossos valores, crenças, comportamentos e hábitos. Hoje, o verdadeiro desafio é saber o que fazer com tanta informação e, principalmente, o que priorizar.*

Atitude e Protagonismo: Vencendo Nosso Próprio Jogo

O sonho do Instituto Ser + é ver todos os jovens realizados pessoal e profissionalmente. Sabemos que não é uma tarefa fácil, mas somos parceiros da juventude nessa etapa comumente tão desafiadora. Existimos para levar aos jovens a perspectiva de que é possível alcançar qualquer coisa, independentemente de onde venham e do que desejam.

Sabemos que os desafios podem ser maiores para alguns, mas isso não os impede de chegar aonde querem. O caminho para a realização passa pelo sacrifício e pelo esforço, exigindo perseverança.

> Os cenários mudam o tempo todo, e cada vez mais rápido. Há algumas décadas, os ciclos de grandes mudanças giravam em torno de 20 ou 30 anos. Hoje em dia, esses ciclos duram cerca de 3 ou 4 anos, com uma forte tendência a se desenvolver em períodos mais curtos. A chave da questão não é evitá-los, mas buscar uma adaptação mais dinâmica e constante.

Independentemente do quão desafiadora é a realidade do jovem ou das dificuldades que precise enfrentar, não existe alternativa. Ao oferecer o conhecimento para lidar com as ferramentas do mundo, capacitamos os jovens simplesmente para tomar as próprias decisões.

O Protagonismo no Futuro: Haverá Espaço para Todos?

Entre os fatores que mais despertam preocupação entre as pessoas nos dias de hoje está a possibilidade de substituição da mão de obra humana por robôs. De fato, essa é uma questão preocupante, visto que ainda sabemos muito pouco a respeito.

À medida que antigas profissões são extintas, novas profissões surgem para substituí-las. O uso de robôs na mão de obra não representa uma ameaça à vida humana, muito pelo contrário. A robótica traz facilitações, assim como as tecnologias de hoje e de outrora. Tudo depende da forma como encaramos a situação e, principalmente, do que fazemos para nos adaptar.

> Queremos oferecer uma perspectiva desse novo mundo com mais cores em vez de nos atermos a uma visão tão monocromática do futuro que nos aguarda. A juventude deve ter essa visão como premissa básica de vida.

Ser protagonista da própria história, mais uma vez, é questão de decisão. É uma escolha individual que pode ser tomada ou não, que só cabe a nós mesmos. Independentemente dos cenários que se inclinam sobre nós, fazer com que o amanhã seja melhor do que o presente é uma decisão.

Não é uma questão de espaço, mas de atitude. É como enxergamos os novos desafios que surgem. As dificuldades existem para que as superemos, e superá-las é uma mera questão de decisão. As alternativas ainda são as mesmas: ficar parado ou seguir em frente.

Os Novos Desafios: Dinamismo do Mundo Contemporâneo

O mundo em que vivemos hoje, tal como é, com suas vantagens, desafios e transformações, é fruto do que plantamos no passado. Nada nos é exatamente novo, tudo é resultado de processos que adotamos anos atrás.

Entre as principais características deste mundo encontra-se a dinamicidade. Nunca antes vivemos tempos tão voláteis e expressos quanto os de hoje. A era da informação nos trouxe muito conhecimento, inúmeras crises e, certamente, muitas oportunidades de aprendizado.

Esse dinamismo exige constante adaptação aos novos cenários que vão se configurando à medida que grandes inovações surgem e modificam as estruturas que regem nosso cotidiano. Tudo o que nos cerca é influenciado direta ou indiretamente pela tecnologia, que se atualiza a uma velocidade cada vez mais impressionante.

> *A chave para um futuro de sucesso é a adaptação. Há algumas décadas, era o conhecimento técnico (hard skills). Hoje, contam muito mais as habilidades interpessoais (ou soft skills), essenciais à adaptação. O futuro é um mistério desconhecido, de fato. Porém, se os fatores externos são tão desconhecidos, devemos agir sobre aquilo que podemos influenciar com nossas atitudes e pensamentos: nós mesmos.*

Dessa forma, enfrentaremos tudo o que vier com muita coragem, determinação e, acima de tudo, muito otimismo. O medo não deve ser um fator desmotivador, mas um estímulo para a superação. Os desafios à frente são, com certeza, de uma grande dimensão, mas devemos confiar em nós mesmos e em nossa capacidade de juntos mudarmos o mundo.

As pessoas que conquistam grandes feitos são aquelas que acreditam. Nossa jornada começa no exato momento em que decidimos não aceitar o "não". E, assim, mudamos. Levantamos mais cedo, corremos atrás das oportunidades e abraçamos as possibilidades que a vida oferece, por acreditar que tudo é possível.

O mundo mudou. Assim, nós também devemos mudar. Não mudar quem somos, mas buscar nossa evolução pessoal, nosso melhor eu. A vida é uma grande aventura, e só encontra o tesouro quem o busca. As mudanças não devem nos desmotivar, mas nos estimular a alcançar um amanhã melhor, de muitas possibilidades.

Como Devemos Encarar Este Novo Mundo?

O futuro é incerto, mas nossa determinação jamais deve perecer. Como qualquer desafio, prepararmo-nos para o futuro é, mais do que nunca, uma tarefa desafiadora, que nos intima a dar nosso melhor a cada minuto.

Conhecimento e Criatividade

Além do conhecimento acadêmico, é necessário desenvolver as competências interpessoais, também chamadas de *soft skills*. Nossa capacidade em lidar com pessoas diferentes de nós nunca foi tão importante no ambiente corporativo. Dada a velocidade das informações, aprender, desaprender e reaprender serão hábitos ainda mais comuns, cada vez mais importantes.

O segundo recurso de extremo valor é a capacidade de resolver problemas de maneira criativa. O conhecimento técnico, por si só, hoje já não basta. A criatividade, que antes era vista como uma dádiva de artistas e atletas de desempenho excepcional, hoje é uma característica pessoal essencial ao aproveitamento de oportunidades. O diferencial já não é possuir as informações, mas saber como usá-las para resolver problemas.

Ressignificação do Trabalho

O trabalho, em parte, deixou de ser apenas um meio para a subsistência e ganhou um papel de suma importância como validador do nosso eu. As gerações anteriores discutem carreira, desenvolvimento e prosperidade ainda com base naquele antigo modelo do mercado de trabalho, que desapareceu e levou consigo toda a segurança e a estabilidade que outrora eram motivadores do nosso esforço.

A lógica era outra: o pensamento de que nos dedicaríamos durante alguns anos para encontrar a tão sonhada estabilidade era um dos principais motivadores da superação. Independentemente do que pensem nossos pais ou avós, essa estabilidade foi praticamente extinta do mercado. Os cargos que ainda não foram afetados certamente serão durante os próximos anos, direta ou indiretamente.

Mas isso não quer dizer que o mercado de trabalho está mais vil ou mesmo pior do que antes. Muito pelo contrário, a rotatividade das ofertas de empregos abre inúmeras oportunidades diariamente, e cabe a nós saber aproveitá-las.

Para melhor ou para pior, é certo que o mundo mudou. Nossos olhos devem estar voltados ao futuro, nunca ao passado. Nosso foco deve ser nos adaptarmos ao amanhã em vez de ruminar o passado, que fica cada vez mais distante.

O Papel da Juventude no Amanhã da Sociedade

Os jovens têm o futuro em suas mãos. São eles os heróis do amanhã, os conquistadores do novo mundo. A juventude é marcada por uma série de processos cognitivos e de desenvolvimento pessoal, que fomentam as grandes mudanças e realçam os talentos humanos.

Geralmente, é nessa fase que acontece o descobrimento e o desenvolvimento dos talentos. Ao descobrir quem é, o que quer e o que pode agregar para a sociedade, o jovem se torna um agente da mudança, da inovação e um verdadeiro solucionador de problemas.

Por isso, acreditamos que o protagonismo juvenil deve ser incentivado ao máximo, independentemente de quem o jovem seja ou de quem ele queira ser. Vivemos na era dos possíveis. Há algumas décadas, dependíamos muito mais dos fatores externos para realizar grandes conquistas. O sucesso estava fortemente atrelado a uma grande oportunidade ou incentivo para que acontecesse. Hoje, esse quadro mudou. Com a internet, temos a possibilidade de buscar o que quisermos, onde quisermos. A informação e o *know-how* passaram de livros caros e raros à ponta dos nossos dedos.

Assim como foram nossos pais e avós que construíram o presente em que vivemos, são os jovens os responsáveis por definir o futuro. A sociedade que teremos daqui há alguns anos será fruto do que plantamos hoje.

O papel dos jovens neste mundo novo é de extrema importância para sua formação. São eles a base dessa transformação. Sem o devido preparo, todo esforço será em vão.

Nosso cotidiano mudou e, assim, mudaram nossas necessidades. Os novos empregos que surgirão com o advento de novas tecnologias, que modificarão ainda mais a realidade humana, são as portas que se abrem para um mundo melhor, mais coerente e equilibrado.

O Papel do Instituto Ser + Nesse Cenário

É necessário que o jovem esteja preparado para enfrentar o futuro, e isso depende de oportunidade e determinação. A missão do Instituto é ser um aliado da juventude nessa fase tão desafiadora, oferecendo os meios necessários ao desenvolvimento pessoal e profissional. Afinal, ambos estão cada vez mais conectados.

O jovem precisa se alinhar com seus objetivos e seguir os caminhos que o levarão à concretização de seu sonho. Sem orientação, muitos deles ficam perdidos e têm dificuldade para desenvolver suas habilidades, tão necessárias para sua realização.

> *Desde sua fundação, o crescimento do Instituto foi exponencial. Dos 400 jovens que atendia e ajudava a capacitar, o Ser + passou a atender mais de 1.100 jovens só no primeiro ano. Desde então, diversas empresas e pessoas se juntaram à causa e ao sonho, colaborando para o desenvolvimento dos jovens.*

Por meio dos três pilares que embasam a metodologia do Ser + (autoconhecimento, autoestima e descoberta de talentos), o jovem tem a oportunidade de escolher os caminhos que deseja seguir. É fato que, quando não decidimos nosso futuro, alguém decidirá por nós. A metodologia do Instituto, desenvolvida sobre esses três pilares, oferece ao jovem a perspectiva de que ele pode sonhar e ser quem quiser.

Sabemos dos problemas que cada um carrega, principalmente os jovens mais vulneráveis. Não nos cabe comparar realidades ou contrastar dificuldades. A vida coloca barricadas em nosso caminho para que nós as saltemos, e, assim como temos nossas opiniões, cada um tem as suas. Sabemos que a vida tem um grande potencial para nos surpreender e que, muitas vezes, a realidade não é justa. Porém, isso de forma alguma nos torna menos capazes do que os outros. Assim, o objetivo do Ser + é oferecer os meios para que o jovem consiga ir além e chegar aonde quiser.

Os Impactos na Sociedade

O homem tem o potencial de transformar e ser transformado pelo mundo ao seu redor. A convivência com outros indivíduos, iguais e diferentes dele, proporciona experiências que reforçam seus valores e reprovam suas falhas. É essa relação de troca que nos faz crescer. Por meio dela, amadurecemos e nos transformamos em algo maior.

Essa comunicação entre os indivíduos tem sido fortemente prejudicada pelo reforço das diferenças entre eles, seja de renda, cultura ou de valores, deixando, assim, as relações de troca em segundo plano. E aí, infelizmente, nos esquecemos de que nada se constrói sozinho ou sem esforço e dedicação. O potencial de ninguém é tão abrangente quanto o potencial de todos nós juntos. O ser humano deve, hoje mais do que nunca, preservar a união.

Em vista dessa consideração, acreditamos que, ao ensinar aos jovens, aprendemos também com eles. O convívio diário nos ensina uma série de lições, além de nos trazer uma enorme alegria. Sua capacidade de ser e fazer a todo momento nos lembra de que devemos nos recriar constantemente e sempre buscar nossa autossuperação.

E por meio desses ensinamentos aprendemos a importância que o outro tem em nossas vidas. Somos o reflexo de como tratamos o próximo e do que esperamos para ele. Assim, quando nos voltamos ao nosso melhor e trabalhamos para oferecê-lo aos demais, todos saem ganhando.

Daí surge a importância de nos voltarmos à sociedade, pois ela é nada mais do que o reflexo do que desejamos para o outro. Devemos encarar nossas diferenças não como algo abominável, mas como algo enriquecedor e essencial à nossa evolução.

O Amanhã de Todos

Construir um futuro melhor não é tarefa exclusivamente sua ou nossa, mas de todos nós. O amanhã que desejamos para as futuras gerações está em nossas mãos. Cabe a todos nós, juntos, fazer com que esse sonho de um futuro melhor se torne realidade.

O Ser + é a prova viva de que podemos alcançar o que quisermos. Anos atrás, quando o Instituto foi fundado, muitos disseram que a ideia era ambiciosa demais e que não daria certo. Felizmente, nós nunca acreditamos nessas pessoas. Em vez disso, escolhemos acreditar em nosso sonho.

> *Como resultado, temos milhares de jovens empregados, felizes e satisfeitos com suas conquistas, que também mostraram àqueles que disseram que eles nunca conseguiriam que estavam errados. O índice de jovens que aprova e recomenda o Instituto é de praticamente 100%.*

Nosso ponto de partida foi entender a juventude. Saber o que os jovens pensam, como se sentem e de que maneira agem é essencial para se ter diálogo. A partir daí, com uma comunicação bem estabelecida, pudemos montar os alicerces da nossa metodologia, que, por sua vez, sempre se adéqua e se atualiza proporcionalmente aos desafios.

E a maior confirmação de que toda nossa dedicação vale a pena é a história de vida de cada jovem, voluntário ou colaborador que passou pela trajetória do Instituto Ser + e dividiu conosco um pouco dessa grande vitória.

> *Hoje, meu maior sonho é perenizar o Instituto Ser + e fazer com que ele atravesse gerações, para influenciar todo e qualquer ser humano a ser um multiplicador do bem. É reunir forças para que possamos construir um mundo melhor, mais inclusivo e igualitário. É mostrar a todas as pessoas que elas podem ser o que quiserem na vida e proporcionar os meios para que lutem e conquistem seu espaço.*

◉ COMPARTILHE ESTA IDEIA!

"Nunca duvide que um pequeno grupo de pessoas comprometidas pode mudar o mundo."

— Margaret Meade

CAPÍTULO 11
A Força do JUNTOS

A Corrente do Bem por Trás dos Projetos do Instituto Ser +

Temos muito orgulho das conquistas e das histórias de vida dos jovens que estiveram conosco ao longo da nossa caminhada. No entanto, sabemos que cada pequena vitória só foi possível por conta do trabalho, do carinho e da dedicação de muitas pessoas.

Não apenas a equipe de colaboradores do Ser +, mas todos os parceiros e voluntários que contribuíram com os nossos projetos de alguma forma, seja por meio de doações, palestras ou mentorias para os jovens. Hoje, percebemos o quanto nossa corrente do bem cresceu.

Em 2014, quando começamos nossas atividades, sonhávamos em construir um projeto transformador e, por isso, convidamos diversos profissionais de sucesso para compor nosso Conselho Consultivo. Entre eles, estão: Alcely Barroso, Alexandre Caldini, Heloisa Rios, Lilian Guimarães, Sérgio Chaia e Thaís Junqueira. Tal Conselho é ativo até os dias atuais, e hoje ainda conta com a presença de Júlio Campos e Thiago Shimada.

Com esse time de profissionais que acreditam na juventude brasileira e em projetos de impacto social, estruturamos ideias e construímos planejamentos para conquistar nossos objetivos. Eles ajudaram a sedimentar a ponte que nos leva cada vez mais longe.

O nosso trabalho começava a ser reconhecido, aos poucos. Ainda em 2014, ganhamos os prêmios Ser Humano e Top of Mind. Passamos a atender cada vez mais jovens e a transformar mais realidades.

Estávamos eufóricos, e toda essa felicidade foi combustível para o crescimento do Ser +, para inovarmos ainda mais em nossos projetos.

Em 2015, desenvolvemos uma unidade na cidade do Rio de Janeiro. Um ano depois, em 2016, inauguramos uma nova sede, em São Paulo, no bairro da Mooca. No ano seguinte, em 2017, realizávamos projetos em Campinas. O número de parceiros e voluntários se multiplicavam e, aos poucos, percebíamos que o Ser + havia se tornado o sonho de muitas pessoas.

Mas ainda não estávamos satisfeitos, pois sabíamos que poderíamos voar mais alto. O time da organização só crescia e passamos a investir em novos processos pedagógicos para aprimorar a formação dos jovens. Nós nos propusemos um novo desafio: tornar o Instituto Ser + uma referência para o desenvolvimento de jovens. E esses esforços tiveram desdobramentos positivos: nossa metodologia foi reconhecida como Tecnologia Social da Fundação Banco do Brasil e, por três anos consecutivos, o Instituto Ser + foi considerado uma das 100 melhores ONGs do Brasil.

Com o passar do tempo, novos sonhos foram surgindo. Com projetos bem-sucedidos e a metodologia consolidada e reconhecida, o desejo de escalonar o impacto social de nossos projetos se tornava cada vez maior. Mais uma vez, precisávamos de pessoas que pudessem nos apoiar na estruturação. Afinal, um sonho compartilhado é sempre mais emocionante e duradouro.

Assim, convidamos outros colegas, profissionais de destaque no mercado, para caminhar ao nosso lado nessa nova etapa. Criamos o Comitê de Marketing, composto por: André Amaral, Carmela Borst, Eduardo Gouveia, Renato Meirelles, Sandro Magaldi e Ricardo Marques. Hoje, esse time de especialistas nos impulsiona e orienta à criação de ações que conectam o coração de mais pessoas à nossa causa.

E, além de acompanhar de perto a expansão externa da organização, com a ampliação e disseminação dos projetos, também vivenciamos o crescimento da equipe de colaboradores do Instituto Ser +. Nosso objetivo é continuar com um time unido, que compartilha a missão, a visão e os valores da nossa instituição. Assim, criamos um Comitê de Gente, com profissionais de recursos humanos relevantes, que apoiam uma gestão humanizada e orientada pelo propósito, para nos apoiar na governança. Entre eles, estão: Carlos Brito, Eduardo Marques, João Senise, Lilian Guimarães, Luciana Camargo, Marcia Costa e Paula Giannetti. Juntos, queremos continuar encantando pessoas por meio da nossa causa e promovendo o engajamento para enfrentarmos os desafios diários de transformar a vida dos jovens brasileiros.

Essas ações conjuntas fortaleceram o Instituto Ser +, permitiram o aprimoramento de nossos projetos, a ampliação da nossa atuação em rede e a geração de mais oportunidades para a juventude. Assim, fomos convidados a participar de ações como: Jovens do Brasil, 1 Milhão de Oportunidades, Jovens Potências, entre outras atividades em parceria com o poder público. Um dos destaques é a realização do Prêmio de Impacto Público, promovido em parceria com a Secretaria de Direitos Humanos, que possibilitou o desenvolvimento de ferramentas que impulsionaram a formação pessoal, profissional e cidadã de jovens, de maneira 100% online.

São resultados que nos enchem de orgulho, não apenas pelas conquistas em si, mas principalmente por serem vitórias compartilhadas. Contamos com centenas de parceiros, como Accenture, Ânima Educação, Grupo Fleury, IBM, Samsung, Gerdau e Itaú Unibanco, que apoiam a causa da juventude, acreditam no trabalho que desenvolvemos e, por isso, apoiam continuamente iniciativas que impactam milhares de jovens brasileiros.

Hoje, vivenciando todas essas experiências e resultados, entendemos que há muitas iniciativas sendo desenvolvidas em prol da juventude. No entanto, ainda temos muitas lacunas a preencher. Por isso, acreditamos que o desenvolvimento de políticas públicas para jovens, principalmente os que vivem em situação de vulnerabilidade, são fundamentais.

Essa percepção sedimenta um novo sonho: o de influenciar a criação dessas políticas e criar oportunidades duradouras para os jovens brasileiros. Assim, contribuímos para que todos tenham acesso à formação de qualidade, e para que tenham bagagem para protagonizar as próprias vidas. Esse anseio exige um trabalho construído a muitas mãos. Somente juntos teremos a força para ser verdadeiros agentes transformadores da juventude brasileira.

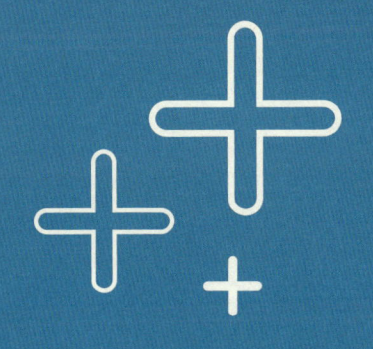

Anexo

Apresentação Resumida dos Personagens

Ana Pereira

Ainda muito jovem, Ana perdeu sua mãe durante o parto da irmã mais nova. Depois de muitos meses enfrentando o grande desafio de lidar com a perda precoce da mãe, a história de Ana começa a mudar com seu ingresso no Ser +.

Felipe Marconato

Em meio a uma infância difícil, Felipe encontrou na leitura a inspiração para seguir em frente e se tornar um grande homem. Sua história é um exemplo de determinação e perseverança.

Gabriel Alexandre

O menino tímido que tinha dificuldade para se comunicar encontra no Ser + a oportunidade de desenvolver sua comunicação, seus sonhos e projetos.

Ricardo de Souza

De madrugadas frias ao calor de dias melhores, Ricardo é um jovem que precisou abrir mão da faculdade para trabalhar e que, por meio do Ser +, mudou sua vida e a de sua família.

Tainá Pena

O sonho de unir famílias e ajudar crianças começou a ganhar vida com a entrada de Tainá no Ser +, que abriu portas, desvendou caminhos e possibilitou seu ingresso na faculdade.

Apresentação resumida dos executivos

Daniel Castanho

Presidente do Conselho Ânima Educação, Daniel é um executivo ousado, que pensa grande e sonha alto. Seu principal objetivo é transformar o Brasil a partir da educação.

Ednalva Moura

Diretora de Educação & Diversidade do Instituto Ser +, Ednalva tem anos de experiência ajudando jovens socialmente vulneráveis a ingressar no mercado de trabalho e ter uma vida melhor.

Leonardo Framil

CEO da Accenture no Brasil e na América Latina, Leonardo é um visionário que descobriu como transformar boas atitudes em hábitos que levam ao sucesso.

Maitê Leite

Maitê é voluntária do Instituto Ser + e presidente do Deutsche Bank no Brasil. Seu projeto ajuda milhares de jovens a desenvolver suas competências no mercado de trabalho.

Sofia Esteves

Aos 4 anos, Sofia se deparou com uma cena que impactaria fortemente seu destino. Como presidente do Instituto Ser +, encontrou a realização de um grande sonho.

Wandreza Bayona

Diretora-executiva do Instituto Ser +, Wandreza é formada em serviço social e especialista em responsabilidade social corporativa, agregando toda sua experiência na área para os projetos do Ser +.

CONHEÇA OUTROS LIVROS DA **ALTA BOOKS**

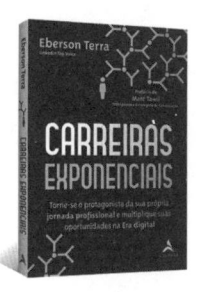

Todas as imagens são meramente ilustrativas.

PUBLIQUE SEU LIVRO

Publique seu livro com a Alta Books.
Para mais informações envie um e-mail
para: autoria@altabooks.com.br

Projetos corporativos e edições personalizadas
dentro da sua estratégia de negócio. Já pensou nisso?

Coordenação de Eventos
Viviane Paiva
viviane@altabooks.com.br

Assistente Comercial
Fillipe Amorim
vendas.corporativas@altabooks.com.br

A Alta Books tem criado experiências incríveis no meio corporativo. Com a crescente implementação da educação corporativa nas empresas, o livro entra como uma importante fonte de conhecimento. Com atendimento personalizado, conseguimos identificar as principais necessidades, e criar uma seleção de livros que podem ser utilizados de diversas maneiras, como por exemplo, para fortalecer relacionamento com suas equipes/ seus clientes. Você já utilizou o livro para alguma ação estratégica na sua empresa?

Entre em contato com nosso time para entender melhor as possibilidades de personalização e incentivo ao desenvolvimento pessoal e profissional.

/altabooks   /alta-books   /altabooks   /altabooks